国際化拠点大学における英語教育のニーズ分析とカリキュラム開発

津田晶子

海鳥社

序

　30万人の留学生受け入れを目指す「留学生30万人計画」実施に向けて、文部科学省は平成21年度から開始した「国際化拠点整備事業（グローバル30）」として、平成21年度に国立大学、私立大学あわせて13大学を採択した。各大学が、実施期間を原則5年間として、英語プログラムの設置、留学生の受け入れのための環境整備、外国人教員の雇用の確保、海外有力大学との連携など、国際化拠点構想の実現に取り組んでいる。本書で扱う調査対象大学は、九州から唯一、グローバル30に採択された国立大学として、地理的・歴史的な特性を活かしてアジア重視戦略を展開する九州大学である。そして、ニーズ分析の対象者は、九州大学の学生と、その卒業生（研究者、技術者、高校・大学の教職員、医師、弁護士、司法通訳、一般企業の総合職、公務員など）である。

　日本の大学が学術及び教育に関する国際交流を長期的展望に立って計画的、継続的に推進するためには、国内外の英語ニーズに合致したカリキュラムの開発が不可欠である。現在、日本の多くの大学で授業を履修した学生による授業評価が実施されており、その成果物がファカルティーデベロップメントやカリキュラム開発に反映されている。しかし、日本の大学を卒業した後、仕事で英語を使用する社会人が大学英語プログラムをふりかえり、その有用性や問題点を指摘し、職場での具体的な英語ニーズについて、大学側にフィードバックする機会を与えられることは稀である。

　筆者は、国の国際化拠点大学における大学英語教育のプログラムの課題と卒業後の英語ニーズについて研究成果を公開し、大学の英語教員だけでなく、第二外国語教員、初年次教育担当教員、専門教員、国際交流担当の教職員など、大学教育に携わる関係者に対して本研究で得られた知見を提供し、日本の大学のグローバル化事業の推進に貢献したいと希望している。

なお、本書は筆者が2008年に九州大学大学院比較社会文化学府に提出した博士論文『大学英語教育のニーズ分析とプログラム評価：「接続的」「継続的」「国際的」なカリキュラム開発の視点から』に加筆訂正をし、改題したものである。本研究テーマ遂行にあたり、直接の御指導を戴いた井上奈良彦先生に深謝する。博士課程前期在籍中には、清水展先生、岩佐昌暲先生、毛利嘉孝先生に、博士課程後期在籍中には、太田一昭先生、阿尾安泰先生に助言を戴くとともに本論文の細部にわたりご指導を戴いた。David Beglar先生、Kenneth Schaefer先生には、英語教育学の専門知識や教授法についてご指導を戴いた。また、多くの九州大学の教職員や卒業生から研究にご協力戴いた。ここに深謝したい。

　最後に、研究期間中、常に心の支えであった夫、津田幸司と息子、津田大雅に心より感謝の意を表したい。

津田晶子

要　　旨

　本論文は、日本の大学英語教育のカリキュラム開発に資するため、九州大学全学教育、およびその学生、卒業生を主な研究対象とし調査を実施、分析し、日本の大学英語教育をとりまく状況と大学卒業後の英語ニーズの現状について提言を行うものである。筆者は、2002年から2005年にかけて3種の調査を実施した。すなわち、調査(1)九州大学全学英語教育を対象としたオンラインシラバス分析」(2)「九州地区3大学の必修英語の再履修生学生を対象とした、質問紙による調査」(3)「英語を業務で使用する九州大学卒業生を対象とした大学卒業後の個人面接による意識調査」である。これらの調査結果をふまえ、現在の日本の大学の英語教育で「中学・高校英語との接続性」「大学卒業後の英語ニーズとの継続性」「アジアを初めとする外国との交流を志向する国際性」を満たすため、「リメディアル（補習）教育」「協同学習」「ESP」の導入を提案する。

　本論文は3部からなる。第1部では「研究の背景」について論じ、3章で構成される。第1章（この章）では研究の背景とこの論文の構成について概略する。第2章の「外国語学習に影響を与える要素と日本の大学英語教育を巡る環境」は本研究の位置づけを行うことを目的とする。この章では、先行文献に基づき、大学の英語の授業やカリキュラムに影響を与える要素として、学習者間の差異と、アジアの英語教育を中心にして日本の大学英語を巡る環境について概観し、他大学での試みを取り上げる。第3章の「日本の英語教育改革論 —『新書』を例に」では、日本語の出版メディアの1つ、新書を例として取り上げ、2000年から2006年の日本の英語教育論の趨勢について考察し、この研究が行われた英語教育を巡る時代背景について述べる。（研究課題1）

　第2部「調査研究とその分析結果」は5章で構成される。第4章の「調査

の概要」ではリサーチデザインの概略を述べる。本研究では次の3つの調査を実施した。すなわち、調査(1)「九州大学全学英語教育を対象としたオンラインシラバス分析」(2002年度前期に実施)、調査(2)「九州地区3大学の必修英語の再履修生学生を対象とした、質問紙による調査」(2005年度後期に実施)、調査(3)「英語を業務で使用する九州大学卒業生を対象とした大学卒業後の個人面接による意識調査」(調査(2)とほぼ同時期、2005年度後期に実施)である。

これらの調査を基に4つの分析を行った。

第5章の「必修英語のオンラインシラバス分析」(調査(1))では、九州大学の全学英語では各教員が授業のテーマや教材開発、ゲストスピーカーの招待など、様々な面で創意工夫をして授業に臨んでいることがシラバスデザインから窺えた。その一方で、カリキュラム全体としては「共通目標の欠如」「大学生の多様なニーズ・レベルへの配慮不足」「アジアを中心とした国際性、大学卒業後への継続性、中学・高校の英語教育との接続性への配慮の欠如」というような問題点が明らかになった。

調査(1)の結果で問題点とされた項目をもとに、調査(2)(第6章)と調査(3)(第7章、第8章)を計画した。

第6章の「初年次英語の再履修学生の関する意識調査」(研究課題2)では必修英語の再履修学生を対象にした学生に関する意識調査を分析した。特に再履修学生は「大学生の多様なニーズ、学力レベルへの配慮不足」や「学生の成績評価方法の統一の難しさ」という大学の語学プログラムの問題の影響を受けやすいと考えられるためである。

第7章の「大学卒業後の英語ニーズ分析」(研究課題3)では、社会人の業務上での英語ニーズについて分析した。業種・職種ごとの具体的な英語ニーズがある一方で、業種を問わず、「社会人の英語ニーズが固定していないこと」「国際共通語としての英語使用の増加」「即戦力として通用する英語力が期待されていること」という、一般的な傾向があることが明らかになった。

第8章の「大学卒業後のプログラムの遡及評価」(研究課題4)では、(1)

面接対象者自身が受講した大学時代（当時）の英語の授業に対する評価（「遡及評価」）、(2)現在の大学英語教育・英語教員・学生の英語学習に対する意見や提言（「提言」）、の2点から回答を分析・考察をした。「遡及評価」については、個々の教員の授業運営に対する好意的な評価とならび、問題として指摘された項目は、(1)大学英語のあり方(2)日本人教員の授業について(3)外国人教員の授業について(4)学生の態度の4種類に分類できた。また、「提言」については、各面接対象者から、次の7項目について、具体的な提案が得られた。すなわち、(1)プログラム・コースデザイン(2)四技能(3)クラスサイズ(4)授業の内容・テーマ(5)成績・評価(6)学生への助言(7)プログラム実施者への提言である。

　第3部は「大学英語のプログラムデザイン・教育実践への示唆 ─『接続的』『継続的』『国際的』なカリキュラム開発の視点から」で4つの章で構成する。第2部で得られた分析結果を基に「接続性への配慮：リメディアル教育（学生に対する学習支援プログラム）」「継続性への配慮：協同学習（アプローチ）」「国際化への配慮：ESP（コース内容）」が必要であると考え、今後のカリキュラム開発に向けて現状の問題点の指摘と提案をする。

　第9章「リメディアル教育による学習者支援」では、日本の大学における学生の学力の多様化をふまえ、既習外国語である英語にリメディアル教育が必須であるとし、大学の英語教員が個別に場当たり的に対応するのではなく、専門教員や高校教員と協力しながら組織的に取り組むことが望ましい。

　第10章「協同学習によるクラスルームマネジメント」では、協同学習はコミュニケーション力が養成でき、学習者の多様性を最大限に活用できる学習法である。本研究で大学卒業生の職場での英語ニーズがある場面では、グループ単位の相互信頼に基づく「協同」作業の積み重ねによるものが重要視されることが分かった。大学の英語教育の場において、協同学習は「実社会への準備」をするのに最適なアプローチの1つと考えられる。

　第11章「大学必修英語におけるESPの可能性と課題」では、将来的な英語学習のニーズや英語学習の具体的目標を学生に示し、多様化する国際社会の英語ニーズに応えるには、大学低学年次の必修英語の時点からの段階的な

ESPの導入が有益である。コースデザイン時に考慮すべき課題として(1)ニーズ分析(2)企業との連携(3)専門教員との連携(4)外国人教員と日本人教員間の協力体制(5)教員の育成が挙げられる。

　第12章は「結論」では、この研究の成果と限界、および大学英語教育のカリキュラム開発への提言をまとめ、最後に発展的課題について触れている。

表・図一覧

表	タイトル	頁
1-1	語学カリキュラム開発の段階別作業	5
1-2	発表済み論文との対応表	9
2-1	ESL環境とEFL環境の相違	14
2-2	高等教育の場所とカリキュラム	18
2-3	研究協力校	24
2-4	中・韓・日の大学英語教育の実態の比較	26
2-5	中・韓・日の社会的背景の比較	27
2-6	日本の大学英語教育プログラムの改善策	28
2-7	大学英語のカリキュラム開発に関する出版物	29
3-1	分析対象新書リストのタイトル	33
3-2	日本の英語教育上の出来事（1980年〜2006年）と英語教育関係の新書の出版年	34
4-1	調査内容、調査対象、調査時期	47
4-2	旧カリキュラム（1999年度〜2005年度）と新カリキュラム（2006年度以降）の対照表	48
4-3	TOEICの得点分布	51
4-4	TOEICの点数と英語能力レベル	51
4-5	卒業生の進学者数・産業別就職状況　学部・卒業者の進路（平成18年度）	61
4-6	卒業生の進学者数・産業別就職状況　修士課程・博士前期課程修了者の進路（平成18年度）	62
5-1	科目別、日本人教員、外国人教員の担当の割合	74
5-2	読解と和訳について、学習者能力の違い	79
5-3	総合英語演習指導技能一覧	82
5-4	英語特別演習指導技能一覧	84
5-5	外国人教員・日本人教員のスキル重視傾向1	87
5-6	外国人教員・日本人教員のスキル重視傾向2	87
5-7	総合英語演習の取り扱いテーマ一覧	90
5-8	英語特別演習の取り扱いテーマ一覧	90
5-9	授業科目ごとの教科書の種類	91
5-10	TOEIC教材の導入傾向	94

表	タイトル	頁
5-11	外国人教員が多く選ぶ教材の例と使用クラス	97
5-12	九州大学の学生が学内で受けるテストの判定の種類	100
5-13	授業科目ごとの成績評価の傾向	102
5-14	大学英語教育の実態：日本の大学の一般的傾向と言文Ｉ英語の比較	109
6-1	再履修クラス編成上のカテゴリーとその利点・問題点	126
6-2	学習者の第一言語	127
6-3	大学入試の種別	128
6-4	英語の試験科目の有無	129
6-5	英語検定試験の受験経験の有無	130
6-6	英語検定試験の取得級・スコア	130
6-7	再履修クラスの受講原因の自己認識	131
7-1	面接対象者のプロフィール（面接順）	143
7-2	英語によるコミュニケーションの相手先の国・地域と四技能の使用スキル　タイプ１：英語の専門職	148
7-3	英語によるコミュニケーションの相手先の国・地域と四技能の使用スキル　タイプ２：文系（英語の専門職を除く）	149
7-4	英語によるコミュニケーションの相手先の国・地域と四技能の使用スキル　タイプ３：理系	151
7-5	仕事で必要な英語資格、英語力　タイプ１：英語の専門職	154
7-6	仕事で必要な英語資格、英語力　タイプ２：文系（英語の専門職を除く）	155
7-7	仕事で必要な英語資格、英語力　タイプ３：理系	156

図	タイトル	頁
5-1	目標相互の位置づけ	110

英語略語一覧

ALT　　Assistant Language Teacher
CALL　Computer-Assisted Language Learning
EAP　　English for Academic Purposes
ECD　　English for Career Development
EFL　　English as a Foreign Language
EGP　　English for General Purposes
ESL　　English as a Second Language
ESP　　English for Specific Purposes
FD　　　Faculty Development
LSP　　Language for Specific Purposes
TOEIC　Test of English for International Communication
TOEFL　Test of English as a Foreign Language

目 次

序　i
要旨　iii
表・図一覧　vii
英語略語一覧　ix

第1部　研究の背景 —————————————— 1

第1章　序論 ― 研究の背景とこの論文の構成　3

1.1　研究の背景と目的　3
1.2　語学カリキュラム開発の段階別作業計画と、各調査の位置づけ　5
1.3　この論文の構成　7

第2章　外国語学習に影響を与える要素と日本の大学英語教育を巡る環境　11

2.0　はじめに　11
2.1　学習者間の差異　11
　　　2.1.1　年齢　12　／　2.1.2　習熟度　13
2.2　日本の大学の言語環境　14
　　　2.2.1　EFL 教授環境と ESL 教授環境　14
2.3　高等教育で提供される EFL カリキュラム　17
2.4　アジアの共通語としての英語教育　20
2.5　東アジア地域の EFL 国（中国・韓国・日本）における大学英語教育　23
2.6　日本の大学における英語教育改革の試み　27
2.7　まとめ　30

第3章　日本の英語教育改革論 ―「新書」を例に ―　31

3.0　はじめに　31
3.1　日本の「新書」ブームと英語教育論　31
3.2　分析　32
  3.2.1　分析の対象　32　/　3.2.2　英語教育改革論を扱う新書タイトルの傾向　32　/　3.2.3　出版時期と日本の英語教育史上の事件　34
  3.2.4　執筆者のプロフィール　36　/　3.2.5　各新書の主張　37
  3.2.5.1　日本人の英語力　37　/　3.2.5.2　日本社会での英語ニーズ　38
  3.2.5.3　理想的な英語教育のあり方　38
3.3　「新書」による日本の英語教育論の功罪　40
3.4　まとめ　43

第2部　調査研究とその分析結果　45

第4章　調査の概要　47

4.0　はじめに　47
4.1　研究計画　47
  4.1.1　調査の時期、調査対象と、九州大学の英語教育改革　47
  4.1.2　調査(1)　九州大学全学英語教育を対象としたオンラインシラバス分析　50　/　4.1.3　調査(2)　九州地区3大学の必修英語を再履修する学生を対象とした、質問紙による調査　53　/　4.1.4　調査(3)　英語を業務で使用する九州大学卒業生を対象とした大学卒業後の個人面接による意識調査　54
4.2　主たる研究対象大学、九州大学の特徴　56
  4.2.1　九州大学の歴史的、地理的背景　56　/　4.2.2　九州大学およびその学生の特徴　57
4.3　まとめ　63

第5章　全学教育英語のオンラインシラバス分析　64

5.0　はじめに　64
5.1　シラバスの定義　64
5.2　学内でのオンラインシラバスの扱い・シラバス分析の意義　65
5.3　分析対象　68
5.4　分析上の制約　69
5.5　オンラインシラバス運営上の問題点　71
5.6　オンラインシラバス分析結果　72

  5.6.1　講師の配置（日本人・外国人の比率）　73　／　5.6.2　「総合英語演習」「英語特別演習」（EGP）の「指導スキル」分析　77　／　5.6.3　「総合英語演習」「英語特別演習」（EGP）の「取り扱いテーマ」分析　89　5.6.4　使用教材の分析　91　／　5.6.5　学生の成績評価　98　5.6.6　講義の工夫　106

5.7　オンラインシラバス分析のまとめ　107
5.8　旧カリキュラムのプログラム評価と提言　108
5.9　まとめ　121

第6章　大学必修英語の再履修学生に関する調査と考察　122

6.0　はじめに　122
6.1　調査の背景　122
6.2　調査の方法　123

  6.2.1　調査の時期・手順　123　／　6.2.2　調査対象人学・クラス　125

6.2　調査結果と分析　127

  6.2.1　学習者の第一言語について　127　／　6.2.2　大学入試の種類と英語の試験科目の有無　128　／　6.2.3　英語検定試験の受験経験の有無と取得級、レベル　130　／　6.2.4　受講原因の自己認識　131　／　6.2.5　自由記述欄　132

6.3　まとめ　135

第7章　大学卒業後の職場での英語ニーズ分析　136

7.0　はじめに　136
7.1　ニーズ分析の定義と研究　136
7.2　調査の方法　137
　　　7.2.1　調査方法選択の理由　137　／　7.2.2　面接対象者選定上の条件　139
　　　7.2.3　面接の手順　142　／　7.2.4　面接対象者のプロフィール　142
7.3　卒業後のニーズ分析結果　146
　　　7.3.1　仕事での英語使用の状況　146　／　7.3.2　英語でコミュニケーションの主要な相手先の国・地域と使用スキル　147　／　7.3.3　現在の英語学習状況について　152　／　7.3.4　組織内の英語学習サポート体制　152
　　　7.3.5　採用・昇格・海外赴任時に必要とされる英語資格、および、仕事・研究に求められる英語力（スキル・レベル）　153　／　7.3.6　「仕事で使える英語」観　157
7.4　まとめ　159

第8章　大学卒業後のプログラムの遡及評価　161

8.0　はじめに　161
8.1　語学プログラム評価の定義と卒業生調査の意義　161
8.2　面接調査の方法　163
8.3　面接回答の分析と考察　164
　　　8.3.1　自分自身が受講した九州大学の教養部時代（当時）の英語の授業に対する評価　164　／　8.3.2　大学英語教育のあり方に関する評価　164
　　　8.3.3　日本人教員の授業に関する評価　165　／　8.3.4　外国人教員の授業に関する評価　167　／　8.3.5　学生の受講態度に関する評価　169
　　　8.3.6　現在の九州大学の英語教育・英語教員・学生の英語学習に対する意見や提言　170
8.4　九州大学の英語教育プログラムへの示唆　177
8.5　まとめ　181

第3部　大学英語のプログラムデザイン・教育実践への示唆 —— 183
　　　　——「接続的」「継続的」「国際的」なカリキュラム開発の視点から

第9章　英語教育の「接続性」を目指す学習者支援　185
　　　　初年次英語教育におけるリメディアル教育のニーズと課題

9.0　はじめに　185
9.1　リメディアル教育とは　185
9.2　分析結果と英語リメディアル教育　187
9.3　英語リメディアル教育導入にあたって取り組むべき課題　188
　　　9.3.1　リメディアル教育のニーズ分析、コースデザイン　188
　　　9.3.2　英語リメディアル教育の高大連携　189
9.4　まとめ　190

第10章　協同学習によるクラスルームマネジメント　191

10.0　はじめに　191
10.1　協同学習の定義と、社会のニーズ　191
10.2　協同学習が大学英語教育にもたらす「正」の影響　193
10.3　協同学習の大学英語導入にあたっての解決すべき5つの課題　195
　　　10.3.1　グループ分け　195　／　10.3.2　教室の物理的環境　196
　　　10.3.3　教材・教具　196　／　10.3.4　成績評価　197　／　10.3.5　教員の育成　197
10.4　まとめ　199

第11章　国際性のためのプログラム開発　200
　　　　大学必修英語におけるESPの可能性と課題

11.0　はじめに　200
11.1　大学必修英語プログラムに関する調査研究　201
　　　11.1.1　シラバス分析から見たESPのニーズ（第5章）　201

　　　　11.1.2　再履修学生調査（第6章）　202　／　11.1.3　卒業後の英語ニーズ分析、プログラムの遡及評価（第7章、第8章）　202
11.2　ESPの大学必修英語導入における利点　203
11.3　ESP導入にあたって取り組むべき5つの課題　205
　　　　11.3.1　継続的、多角的なニーズ分析　206　／　11.3.2　企業との連携　206　11.3.3　専門教員との連携　207　／　11.3.4　外国人教員と日本人教員間の協力体制　208　／　11.3.5　ESPプログラムのための教員研修　209
11.4　まとめ　210

第12章　結論 — 総合的考察　211

12.0　はじめに　211
12.1　この研究の成果と限界　211
　　　　12.1.1　シラバス分析の成果と限界　212　／　12.1.2　再履修学生調査の成果と限界　214　／　12.1.3　卒業生を対象にした面接調査の成果と限界　214
12.2　大学英語教育のカリキュラム開発への提言　216
12.3　発展的課題　217

参考文献　219
付録1　大学の英語の授業および学習歴に関する調査　229
付録2　キャリアデベロップメントのための大学英語　234
　　　　（English for Career Development）
　　　　— 大学必修英語における授業実践例から —

第 **1** 部

研究の背景

第1章
序論 — 研究の背景とこの論文の構成

1.1 研究の背景と目的

2000年に文部科学省が「仕事で英語を使える日本人」を政策目標として以来、日本の学校教育の現場では「仕事で使える英語力」の育成が期待されている。「仕事で使える英語力」の定義は多様であるが、本研究では大学卒業生が「仕事で使う」英語を「職業生活で用いる英語」と定義づけ、企業や官公庁の業務で必要な英語に限定せず、研究者や教育者としての業務に必要な英語も含むものとした。なお、家庭の日常言語や余暇（観光目的の海外旅行、映画や音楽の視聴、読書）で使う英語は含めていない。

筆者が大学英語教育のニーズ分析とプログラム評価という研究に取り組んだ目的は2つある。すなわち、第一に大学英語教育と卒業後ニーズの現状を把握すること、第二に現状把握に基づくカリキュラム開発への示唆をすることである。現状の分析は、(1)大学卒業後の社会人を調査対象とし、その業務上での英語ニーズの自己認識と大学英語教育のプログラムの遡及評価について実施した面接調査、(2)英語を再履修中の大学生を調査対象とした質問紙調査に基づいている。

この研究は、以下の問題について問うものとした。

第一に、日本の英語教育において、現在何が問題と考えられているかを考察する。本研究では英語教育について論じた「新書」[1]を例に取り上げ、日本語の商業出版メディアによる日本の英語教育論の趨勢と、その形成のされ方やそれによって生じる大学英語教育への影響や問題点を分析する。（研究

---

[1] この研究で扱う「新書」とは、日本で出版されている文庫本よりやや大きな判型（新書サイズ）の書籍を指す。新書の歴史、新書の市場については、第3章「3.1 日本の「新書」ブームと英語教育論」参照。

課題1）

　第二に、英語は現在多くの大学で事実上必修となっているが、現行の大学の英語教育プログラムの中で問題を抱えている学生は、大学英語プログラム・授業のあり方と自己の履修態度について、どのように認識しているかを調査する。ここでは、現行の大学の英語教育プログラムの中で問題を抱えている学生として、必修英語の再履修学生を調査対象として選び、質問紙による調査を行うことで、再履修学生の傾向と調査当時の大学英語プログラムの抱える問題点について考察する。（研究課題2）

　第三に、英語を仕事で使う大学卒業生に求められる英語のスキルは何であり、そのスキルの使用状況はどうなっているかを明らかにする。ここでは、大学英語教育のカリキュラムや教材が、社会のニーズと乖離したものになっていないかを判断する材料として、教師の視点だけでなく、学習者の視点、雇用者の視点から考察する。（研究課題3）

　第四に、英語を仕事で使う大学卒業生は、自身が受けた大学英語プログラムをどのように評価しているかを調査する。また、仕事での語学ニーズを満足させるには、大学英語教育において、何が必要であると考えているかを明らかにする。現在、日本の多くの大学で学生による授業評価が実施されており、その成果物がファカルティーデベロップメント（以下、FD）やカリキュラム開発に反映されている例もある。しかし、日本の大学を卒業した後に大学英語プログラムをふりかえり、その有用性や問題点を指摘する機会を社会人が公式に与えられることは少ない。社会人は、実社会での英語のニーズを経験する前の学生とは異なる視点を持つと考えられるので、この研究では大卒の社会人の抱いている大学英語教育についての遡及評価を分析する。（研究課題4）

　なお、調査が実施された時期は、以下のとおりである。

　調査(1)　九州大学全学英語教育を対象としたオンラインシラバス分析（2002年前期に実施）

　調査(2)　九州地区3大学の必修英語の再履修をする学生を対象とした、質問紙による調査（2005年度後期に実施）

第1章 序　論

　調査(3)　英語を業務で使用する九州大学卒業生を対象とした大学卒業後の個人面接による意識調査（調査(2)とほぼ同時期、2005年度後期に実施）
調査時の2002年度以降、九州大学の全学教育ではカリキュラムの見直しが図られ、2006年4月より新カリキュラムが導入されており、すでに調査時より改善された項目もある。そのため、改変事項についてはできる限り注釈をつけることとした。

　これらの4つの研究課題の調査結果と分析をふまえ、日本の大学の英語教育において「中学・高校の英語教育との接続性」「大学卒業後の英語ニーズとの継続性」「アジアを初めとする外国との交流を志向する国際性」を満たすには、今後どういった英語教育プログラムを提供する必要があるのかを提案する。

1.2　語学カリキュラム開発の段階別作業計画と、各調査の位置づけ

　以下の表1-1はWhite（1988）, Jeniinngs & Doyle（1996）, Brown（1995）を参考に、筆者が、日本の大学の英語教育のプログラムの実情に合わせて語学カリキュラム開発の段階的計画を図式化したものである。

表1-1　語学カリキュラム開発の段階別作業

段階	内容	具体的な作業
1	ニーズ分析・データ収集	・ニーズ分析（学習（履修予定）者、当該プログラムを経験した語学教員と卒業生、雇用主、専門家や文献などを情報ソースとする） ・過去および現行のプログラム評価 ・過去および現行の受講生からのフィードバック
2	目的・目標の設定	・英語教育全体での目標、英語教育の学生の所属学部・専攻ごとの目標、学期ごとの目標（学部・専攻別）
3	カリキュラムの計画と精緻化	・英語教員、専門教員、外部機関の専門家による協同作業による新カリキュラムの計画

段階	内容	具体的な作業
4	シラバス・教材・テスト（評価方法）の選定	・新カリキュラムの内容の周知（FDの実施） ・新カリキュラムに応じたシラバス、教材、テストの選定
5	授業の実施	・授業の実施 ・個々の教員へのサポート ・継続的な教材開発、シラバスの調整 ・担当教員、同僚の英語教員による授業観察 ・テスト（期末の評価）の実施 ・学生による授業評価（シラバスと教材を含む）
6	カリキュラムの事後評価	・英語教員、専門教員、外部機関による評価 ・学生の到達度による評価（事前テストと事後テストの点数の比較など）

1-1では段階ごとに実施すべき内容、具体的な作業を挙げた。1つの段階が完全に終わるごとに次に進むのではなく、各段階の実施中、実施後の評価を互いに関連させなら、連続的に各段階をある程度、同時進行させながら実施するのが望ましい。段階5の「授業の実施」の前に新カリキュラムに向けた「試行期間や教員研修」を導入できることが理想ではあるが、日本の大学英語教育の現場ではカリキュラム開発だけを専門業務にしている英語教員は稀であること、非常勤教員への依存度が高いこと、授業実施と並行して次年度のシラバス・教材・テストの選定を行っているため時間的な余裕がないことなどから、日本の大学の実情では「試行期間や教員研修」の実施は容易ではない。

九州大学全学教育の新カリキュラム計画の過程で、調査(1)オンラインシラバス分析」（過去のプログラム評価）調査(2)「再履修学生調査」（過去の受講生からのフィードバック）調査(3)「大学卒業後の個人面接による意識調査」（ニーズ分析、および過去の受講生からのフィードバック）は、表1-1の段階1に位置する。

九州大学では2006年以降、英語の新カリキュラムが導入され、2007年度現在、新カリキュラム履修中の低学年次の学生と、旧カリキュラムを履修した学部生、大学生が在学中である。すでに新カリキュラム導入後ではあるが、

旧カリキュラムのデータを中心に段階1のニーズ分析・データ収集を多角的に実施することで、段階2〜6の見直しや調整を図ることができる。

1.3 この論文の構成

本論文は3部からなる。

第1部では「研究の背景」について論じ、3章で構成される。第1章（この章）では研究の背景とこの論文の構成について概略する。第2章の「外国語学習に影響を与える要素と日本の大学英語教育を巡る環境」は本研究の位置づけを行うことを目的とする。この章では、先行文献に基づき、大学の英語の授業やカリキュラムに影響を与える要素として、学習者間の差異と、アジアの英語教育を中心にして日本の大学英語を巡る環境について概観し、他大学での試みを取り上げる。第3章の「日本の英語教育改革論-『新書』を例に」では、日本語の出版メディアの1つ、新書を例として取り上げ、2000年から2006年の日本の英語教育論の趨勢について考察し、この研究が行われた英語教育を巡る時代背景について述べる。（研究課題1）

第2部「調査研究とその分析結果」は5章で構成される。第4章の「調査の概要」ではリサーチデザインの概略を述べる。本研究では次の3つの調査を実施した。すなわち、調査(1)「九州大学全学英語教育を対象としたオンラインシラバス分析」（2002年度前期に実施）、調査(2)「九州地区3大学の必修英語の再履修の学生を対象とした、質問紙による調査」（2005年度後期に実施）、調査(3)「英語を業務で使用する九州大学卒業生を対象とした大学卒業後の個人面接による意識調査」（調査(2)とほぼ同時期、2005年度後期に実施)である。これらの調査を基に4つの分析を行った。

第5章の「必修英語のオンラインシラバス分析」（調査(1)）では、九州大学の全学英語では各教員が授業のテーマや教材開発、ゲストスピーカーの招待など、様々な面で創意工夫をして授業に臨んでいることがシラバスデザインから窺えた。その一方で、カリキュラム全体としては「共通目標の欠如」、「大学生の多様なニーズ・レベルへの配慮不足」「アジアを中心とした国際性、

大学卒業後への継続性、中学・高校の英語教育との接続性への配慮の欠如」というような問題点が明らかになった。調査(1)の結果で問題点とされた項目をもとに、調査(2)（第6章）と調査(3)（第7章、第8章）を計画した。

第6章の「初年次英語の再履修学生の関する意識調査」（研究課題2）では必修英語の再履修学生を対象にした学生に関する意識調査を分析した。特に再履修学生は「大学生の多様なニーズが学力レベルへの配慮不足」や「学生の成績評価方法の統一の難しさ」という大学の語学プログラムの問題の影響を受けやすいと考えられるためである。

第7章の「大学卒業後の英語ニーズ分析」（研究課題3）では、社会人の業務上での英語ニーズについて分析した。業種・職種ごとの具体的な英語ニーズがある一方で、業種を問わず、「社会人の英語ニーズが固定していないこと」「国際共通語としての英語使用の増加」「即戦力として通用する英語力が期待されていること」という、一般的な傾向があることが明らかになった。

第8章の「大学卒業後のプログラムの遡及評価」（研究課題4）では、(1)面接対象者自身が受講した大学時代（当時）の英語の授業に対する評価（「遡及評価」）、(2)現在の大学英語教育・英語教員・学生の英語学習に対する意見や提言（「提言」）、の2点から回答を分析・考察をした。「遡及評価」については、個々の教員の授業運営に対する好意的な評価とならび、問題として指摘された項目は、(1)大学英語のあり方、(2)日本人教員の授業について(3)外国人教員の授業について(4)学生の態度の4種類に分類できた。また、「提言」については、各面接対象者から、次の7項目について、具体的な提案が得られた。すなわち、(1)プログラム・コースデザイン(2)四技能(3)クラスサイズ(4)授業の内容・テーマ(5)成績・評価(6)学生への助言(7)プログラム実施者への提言である。

第3部は「大学英語のプログラムデザイン・教育実践への示唆：「接続的」「継続的」「国際的」なカリキュラム開発の視点から」で4つの章で構成するされる。第2部で得られた分析結果を基に「接続性への配慮：リメディアル教育（学生に対する学習支援プログラム）」、「継続性への配慮：協同学習

第 1 章　序　論

(アプローチ)」、「国際化への配慮:ESP (コース内容)」が必要であると考え、今後のカリキュラム開発に向けて現状の問題点の指摘と提案をする。すなわち、第9章「リメディアル教育による学習者支援」、第10章「協同学習によるクラスルームマネジメント」、第11章「大学必修英語における ESP の可能性と課題」、第12章「結論」とする。なお、以下の表1-2に掲げた各章については発表済み論文を加筆修正したものである。

表1-2　発表済み論文との対応表

本研究での章	発表済み論文
第2章2.5　東アジア地域のEFL国（中国・韓国・日本）における大学英語教育	津田晶子. (2005a).「大学英語教育プログラム分析」. 井上奈良彦（編著）.『国際化時代の大学英語教育』（言語文化叢書XVI）. pp. 1-86.　九州大学大学院言語文化研究院.
第3章　日本の英語教育改革論―「新書」を例に	津田晶子. (2007d).「日本の英語教育改革論―『新書』を例に―」. 大学英語教育学会九州沖縄支部東アジア英語教育研究会配布資料.
第5章　全学教育英語のオンラインシラバス分析	津田晶子. (2005a).「大学英語教育プログラム分析」. 井上奈良彦（編著）.『国際化時代の大学英語教育』（言語文化叢書XVI）. pp. 1-86.　九州大学大学院言語文化研究院.
第6章　大学必修英語の再履修学生に関する調査と考察	津田晶子. (2005b).「大学の必修英語の再履修生に関する調査と考察」. 九州英語教育学会佐賀研究大会配布資料.
第7章　大学卒業後の職場での英語ニーズ分析	津田晶子. (2006b).「大学卒業後の英語ニーズ分析－仕事で英語を使用する卒業生インタビューの結果から－」『JACET九州・沖縄支部研究紀要』第11号. pp. 7-17. 大学英語教育学会九州沖縄支部.
第8章　大学卒業後のプログラムの遡及評価	井上奈良彦, 津田晶子. (2007).「卒業生による全学教育英語プログラムの遡及評価－「仕事で英語を使う」九州大学卒業生対象の個人面接の分析から－」.『大学教育』. 第13号. pp. 41-58.　九州大学高等教育総合開発研究センター.

本研究での章	発表済み論文
第9章 英語教育の「接続性」を目指す学習者支援―初年次英語教育におけるリメディアル教育のニーズと課題	津田晶子. (2007c).「大学必修英語の再履修学生に関する調査と考察」.『リメディアル教育研究』第2巻第1号. pp. 1-6. 日本リメディアル教育学会.
第10章 協同学習によるクラスルームマネジメント	津田晶子. (2007b).「大学必修英語における協同教育の可能性と課題」『協同と教育』第3号. pp34-41. 日本協同教育学会.
第11章 国際性のためのプログラム開発―大学必修英語におけるESPの可能性と課題.	津田晶子. (2007a).「大学必修英語におけるESPの可 pp96-105. 大学英語教育学会九州沖縄支部ESP研究会.
附録 キャリアデベロップメントのための大学英語（English for Career Development）―大学必修英語における授業実践例から	津田晶子. (2006a).「キャリア開発のための大学英語－大学必修英語における授業例から－」『ESPの研究と実践』第5号. pp34-43. 大学英語教育学会九州沖縄支部ESP研究会.

第2章
外国語学習に影響を与える要素と日本の大学英語教育を巡る環境

2.0　はじめに

　本章では、英語教育・学習に影響を与える要因のうち、特に授業やカリキュラムに影響を与える要素として、(1)学習者間の差異、(2)日本の大学の言語環境を取り挙げる。(1)では、年齢と習熟度について扱う。(2)では、EFL 教授環境と ESL 教授環境の違い、高等教育における英語教育のカリキュラム例とカリキュラムに影響を与える要因、アジアの共通語としての英語と Asia TEFL の設立、東アジア地域の EFL 国（中国・韓国・日本）における大学英語教育、日本の大学における英語教育改革の試みについて、先行文献を基に概観する。

2.1　学習者間の差異

　Dörnyei（2005）は、第二言語習得に影響を与える個人の学習者間の差異として、性格、適性、動機づけ（motivation）[2]、学習スタイルと認知スタイル、言語学習戦略、不安感、創造性、コミュニケーションをする意思、自尊心、学習者の信念を挙げ、Lightbown & Spada（2006）は、言語学習に影響を与える要素として、知性、適性、性格、動機づけと態度、学習者の嗜好、学習者の信念、年齢を挙げている。
　この項では、学習者の特性のうち、特に大学英語教育におけるカリキュラ

---

[2]「動機づけとは、たとえば外国語習得という大きな目標の達成、あるいは、さらに細かな個々の目標の達成などに結び付くような心理的な特性であり、内的動機づけ（intrinsic motivation）と外的動機づけ（extrinsic motivation）とがある。」（杉本, 2001, p. 86）

ム開発やクラスルームマネジメント時に考慮すべき、年齢と学習者の習熟度について考察する。

2.1.1 年齢

多くの EFL、ESL [3] 教員向けのトレーニングマニュアルやハンドブックでは、学習者の年齢を、「子供（Child）への指導」「10代（12歳から18歳）（Adolescents）への指導」「成人（Adults）への指導」と3段階に分け、その言語習得上の特徴やクラスルームマネジメントの留意点について紙面を割いている。(Brown, 2000; Ur, 1996; Hilles & Sutton, 2001; Harmer, 2001; Lightbown & Spada, 2006) この項では、日本の大学生の年齢層である「成人学習者」について先行文献を概観する。

Brown（2000）は、成人学習者の特徴として、次の5点を挙げている。これらの特徴は若い年齢層の学習者とは異なっているからである。すなわち、(1)抽象的な規則や概念を理解することができる (2)集中できる時間が長い (3)感覚入力（聴覚、視覚に訴えるインプット）がある (4)自信（自尊心）がある (5)抽象的な思考能力があるため文脈にあまり頼らず言語の一部分について理解できる、の5点である。

また、Hilles & Sutton（2001）は、成人学習者の特徴として、(1)年少の学習者の多くと違って、成熟しており、優先順位が理解でき、自律的であり、集中力がある (2)成人は自我が確立しているため、子供とは違った意味で、心理的に傷つきやすい (3)成人学習者が、第二言語や外国語を学ぶ目標と理由は多様であり、学習の理由の多様性が、教師にとって課題となる (4)成人の外国語学習者は、学習の成果・失敗についても学習者によって多様である (5)成人の学習者は、自発的な学習者であることが多い、という点を挙げている。なお、日本の大学の低学年次の必修英語プログラムについては、学生の多くの履修理由が単位取得であるため、(5)の「自発的な学習者」とは必ずしも言えない。

---

3 EFL環境とESL環境の定義については2.2.1「EFL教授環境とESL教授環境」参照

このように、成人への外国語の指導は概して容易であり、子供への指導よりもストレスが少ないように思われるが、成人学習者に特有の問題もある。たとえば、Harmer（2001）は、⑴成人学習者は教授法に対して批判的な場合がある　⑵これまでに失敗経験があると不安だったり、自信がなかったりする　⑶高齢者の多くが加齢による知力の減退を懸念しているといった例を挙げている。日本の大学英語教育の現場では、かつては学習者の年齢の多様性についてあまり配慮する必要はなかった。しかし、今後は、編入学生や社会人学生の増加に伴い、日本の大学においても米国の成人教育が抱えている問題やその対応策（Hilles & Sutton, 2001, pp. 387-397）を参考にする必要がある。

2.1.2　習熟度

学習者の習熟度については多様な分類方法がある。

Brown（2000）は初級（beginning level）、中級（intermediate level）、上級（advanced level）と3つのレベルに分け、そのレベルごとの指導について、10の要素を考慮すべきであると述べている。すなわち、⑴学習者の認知学習プロセス、⑵教員の役割、⑶教師発話（teacher talk）[4]、⑷言語の真正性（authenticity of language）、⑸流暢さと正確さ、⑹学習者の創造性、⑺テクニック、⑻リスニングとスピーキングの目標、⑼リーディングとライティングの目標、⑽文法である。そして、学習者の習熟度ごとにこれらの10の項目それぞれについて留意点を列挙し、特に英語学習の上で不利な環境とされる習熟度レベルが違う学習者を集めたクラスや大人数のクラスについては、語学教員のための具体的対処法を紹介している。日本の大学の低学年次の必修英語プログラムにおいては、学部固定型が多く、習熟度別のクラス分けがされていない場合も多い。（本論文、第5章）

4　教師発話（teacher talk）とは「教室で生徒を教える際に、教師はその言語を学習者にわかりやすくするためにいろいろと換えて言うことがある。－中略－英語の授業でも、教師の口にする英語は、特に入門期や初心者の場合、教師発話が大切であると考えられる。」（森永, 2001, p.82）

2.2 日本の大学の言語環境

2.2.1 EFL 教授環境と ESL 教授環境

　英語教育は、その国の言語環境において、英語が第二言語であるか、それとも、外国語であるかによって、それぞれ English as a Second Language program（以下、ESL）向けのプログラムと English as a Foreign Language（以下、EFL）向けのプログラムとの 2 つに分けられてきた。ESL 環境は、英語第一言語圏における移民や少数民族集団のための英語と定義づけられており、英語を日常的に使用する環境での学習である。それに対し、EFL 環境では英語は学校の教科ではあるが、教育の指導の媒体やその国のコミュニケーション（政府、ビジネス、産業）の言語ではない。なお、米国では、ESL を広義にとらえ「外国語としての英語」を指す場合もあるが、本研究では、ESL と EFL の状況を分けて検討する。ESL 環境と EFL 環境の主な相違について、下表 2-1 に示す。

表 2-1　ESL 環境と EFL 環境の相違

	ESL 環境	EFL 環境
学習者層	多様（heterogeneous）	均質的（homogeneous）
教室外での英語使用	多い。	少ない。
学習目標	識字能力(literacy)と結びついている。ネィティブスピーカーのように英語を使用できるようになること。	十代の学習者にとっては、高校・大学への入試での高得点を取ること。最近では、世界言語（global language）としての英語を使えるようになること。

Gebhard（2006, p.40）を元に筆者が作成。

　ESL 環境と EFL 環境の大きな違いは 3 つある。
　第一に、学習者層については、ESL 環境では学習者の出身国は多様であ

ることが多いのに対し、EFL 環境では同じ国出身の学生のみであることが多い。

　第二に、教室外での英語の使用の頻度が上げられる。このことは ESL 環境と EFL の環境の大きな相違点である学生の動機づけに大きく影響を与える。Brown（2000）は、ESL 環境では教室の外でも目標言語が使われているため、様々な面で利点があるが、EFL 環境では、学習者が、英語を学習することに意義を見出すのが難しいため、内的動機づけ（intrinsic motivation）の保持が大きな問題となると指摘する。

　第三に、学習目標は ESL と EFL で傾向が異なる。ESL 環境では社会に受け入れられるため、周囲の英語のネィティブスピーカー並の習熟度が目標となるが、EFL では日々の生活においてその必然性はなく、特に中学、高校の生徒・学生にとっては入学試験での好成績が目標であることが多い。

　しかし、Gebhard（2006）は、EFL 環境の中でも「留学したい」、「国際的なビジネスがしたい」、「通訳者になりたい」、「旅行業界で働きたい」など、コミュニケーション能力を高めることを目標としている学習者や、ESL 環境の中でも TOEFL 対策や標準テストなどの試験に合格する目標を持つ学習者がいるなど、EFL 環境、ESL 環境にいるすべての学習者が同じ目標を持っているわけではなく、過剰な一般化によって EFL 学習者、ESL 学習者の言語学習経験に対するステレオタイプ化により生じる問題についても指摘している。

　本研究の調査対象である日本の大学の英語教育は EFL 教授環境である。日本に居住する者の多くは、日常生活の中で英語のニーズを実感することができないため、学習者は動機づけを失いがちである。EFL 教授環境下では、英語は世界中で使われている国際言語の1つであることは漠然と認識していたとしても、多くの学生はもちろんのこと、おそらくは大学の英語教員ですらも、大学を卒業した後の英語のニーズを詳細に把握することが難しい。そのため、大学入試まで抱いていた英語の学習動機が入試で高得点を取ることのみであれば、大学入試を終えたばかりの新入生は強い学習動機がなくなり、英語の学習目標を見失ってしまうことが考えられる。そのため、日本の英語

教育に携わる者、特に大学の必修英語の担当教員は、学習者の動機づけに工夫をすることが求められる。

Gebhard (2006, p.43) は、EFL 環境にある大学英語プログラムに共通する特徴を以下のように述べている。

> 世界中の多くの大学では、学生に対して外国語を数学期の間、履修するよう義務づけており、英語は選択外国語か必修外国語かのいずれかである。全学的な英語プログラムの多くが、文法、読解、リスニング、英会話に関するコースを含む。英語のノン・ネィティブスピーカーが、読解と文法関連のコースを教えることが多い一方、ネィティブスピーカー、または準ネィティブスピーカー（留学経験のある同国人の場合が多い）が会話を教えるよう求められる場合が多い。それは、英語のネィティブスピーカーのみが学生に会話を指導できるという（多くの場合、誤った）信念によるものである。

英語のネィティブスピーカー教員とノン・ネィティブスピーカー教員について、Medges (2001) は、両者は言語能力（proficiency）の面で異なり、それぞれに長所、短所があるとする。たとえば、ノン・ネィティブスピーカー教員は言語面でハンディキャップがあるが、それゆえに、(1)英語の学習者としての良いモデルを提示できる (2)言語学習方略をより効果的に指導できる (3)英語という言語についての知識をより多く提供できる (4)その言語の難しい点を予期し、回避できる (5)学習者により細やかに配慮できる (6)学習者と同じ母語の使用を役立てられるという長所があるため、いかなる学校でもネィティブスピーカー教員とノン・ネィティブスピーカー教員が互いに補いあうことができる、としている。

Graddol (2007) は、グローバル化した世界の中でも特に欧州においてはかつての EFL 話者の習熟度が ESL 話者のようになっており、ネィティブスピーカー、ESL 話者、EFL 話者の区別があいまいになっていると指摘している。さらに Graddol は Global English（世界言語としての英語）が普及する

ためには、英語学習者からかけ離れた英語を話すネィティブスピーカーの存在が障害になると予測している。最近の例として、中国でベルギー人の英語教師トレーナーが雇用されたことや、アジア諸国では「ネィティブスピーカー教員」の定義としてインドやシンガポール出身の教員を含むよう広義に解釈されるようになったことを挙げている。

2.3 高等教育で提供されるEFLカリキュラム

Dictionary of language teaching & applied linguistics（Richards, Platt, and Platt , 1992, p.94）では、以下のように、カリキュラムを2種類に定義づけている。

(1) an educational programme which states:
 a the educational purpose of the program (the ends)
 b the content, teaching procedures and learning experiences which will be necessary to achieve this purpose (the means)
 c some means for assessing whether or not the educational ends have been achieved.
(2) another term for syllabus

本研究では、(1)の定義を採用し、カリキュラムとシラバス[5]とを区別する。Brown（2000, p.123）は、カリキュラム内で授業を計画し、実践する教授法を決定する時、考慮すべき要因の例を以下のように列挙している。
・学校の規定がカリキュラムの内容について要求する程度。
・クラスの大きさや授業数を決定づける予算や官僚主義的制約の程度。
・管理者や上司が一定の方法で指導することを「強制する」程度。
・自分のコースに割り当てられる教材（気に入らない教材の可能性もある）

---

5 シラバスの定義については、第5章5.1「シラバスの定義」を参照。

- 同僚教員から得られる支援や意見。
- 自分の組織で他の教員が指導しているやり方と、そのやり方で指導するように仕向けられる程度。
- 生計を立てるために教えなければならない時間数と、それが自分のエネルギーのレベルに影響を与える程度。
- 教室の環境。(教室の大きさ、照明、備品など)
- 英語コースが必修であるかどうかと、学生の動機づけに与える影響。

また、語学教育を提供する機関を、初等・中等教育と、高等教育の2つに分け、そのうち、高等教育で提供されるカリキュラムの例を表2-2のようにまとめている。

表2-2　高等教育の場所とカリキュラム (Brown, 2000, p.124)

	導入教育	EAP	ESP	職業・技術英語	識字教育	サバイバル
二年制短大	x	x		x		
四年制大学	x	x	x	x		
大学院課程	x	x	x	x		
語学学校	x	x	x	x	x	x
エクステンション講座	x	x	x	x	x	x
専門学校		x	x	x		
成人教育				x	x	x
企業研修			x	x	x	x

注：x は、当該カリキュラムの提供が多いことを示す。

　四年制大学で提供するカリキュラムの例として導入教育（pre-academic）、EAP、ESP、職業・技術英語（Vocational/Technical English）が挙げられている。

　なお、本研究では、ESP(English for Specific Purposes)「特定的・具体的な目的のための英語」をEGP（English for General Purposes）「一般的な目

第2章　外国語学習に影響を与える要素と日本の大学英語教育を巡る環境

的のための英語」に対立する概念として定義する。寺内 (2001, p.105) は、ESP の基本的な特徴として、学習者のニーズ分析に基づいていること、ジャンル（学問的背景や職業などの同質性）が認められることの2点を挙げている。また、よりよい ESP として、寺内 (2000, p.20) は、(1)学習者の学術上あるいは職業上のニーズに応えること、(2)明確なコミュニケーション上の目的を設定すること、(3)文法の規則ばかりでなく言語使用の規則を理解させること、(4)コースの目的に合った教室内活動を、学習者が自分の学習スタイルや学習段階について自ら責任を持って行う自立学習を奨励すること、の4点を挙げている。

　EAP（English for Academic Purposes「学術的な目的のための英語」）は ESP の下位カテゴリーに属する。笹島 (2001, pp.105-106) は、EAP とは「具体的には、ある学術あるいは研究分野のディスコース・コミュニティーで使用される英語のテクストを研究（ジャンル分析）したり、その分野で必要となるテクストをもとにどのように指導するかなどの内容を扱う。実際、EAP は英語を母語としない学習者にとって特に有効であり、世界中の多くの大学で留学生を対象に EAP コースが設置されている」とする。これらのコースでは「スタディースキル」「リーディングスキル」「アカデミック・ライティング」「講義のリスニング」「セミナー・スキル」などの科目があり、オーストラリア、英国、北米の大学ではライティングのクラスに人気があったのに対し、ラテンアメリカでの焦点はリーディングであり、リーディングに焦点を当てた EAP コースは東ヨーロッパ、西ヨーロッパの一部で整備され、発展している。(寺内, 2000, pp.37-38)

　日本の大学の英語教育の現場では、これまでは、カリキュラム開発時には、表2-2のような学習者のニーズ別になったカリキュラムのカテゴリーが一般にあまり意識されることは少なかった。「大学における外国語は、外国語を専門とする（外国語学部、教育学部等）学生向けのものと一般教養としての外国語との2種に分かれる」(東, 2004, p.166) とされ、シラバスデザイン、教材選択については、それぞれの教員に任されているケースが多かった。宮崎 (2004, p.193) は、「大学においては、一般に、教科書・教材は教員の

19

自由裁量である。市販のものから教員自身の作成する教材まで、分野・ジャンルなども種々多様である」とし、市販のテキストを例にして、大学で用いられている教材を「総合英語」「英語読解」「英作文」「LL/CALL」「資格英語」「英会話」の分野に分けて紹介している。

2.4 アジアの共通語としての英語教育

近年、グローバリゼーションと外国語教育の関係について、世界各国で報告されている（Block, D. & Cameron, D., 2002）。英語のグローバル化・多様化は特にアジアにおいて著しく、「英語はアジアの『共通語』」（本名, 2002a, p.82）としても、重要な役割を果たすようになっている。

> 英語はアジアの言語である。英語はアジアの政治、経済、貿易、観光、留学などの分野で重要な役割を果たしている。—中略—アジアは世界最大の英語地域なのである。事実、東南アジア諸国連合（アセアン）は英語を国際言語として振興するために、早くも1965年にSEAMEO（South East Asian Ministers of Education Organization 東南アジア文部大臣機構）を組織し、1968年にシンガポールにRELC（Regional English Language Centre 地域英語センター）を設立した。RELCは現在、地域言語センター（Regional Language Centre）と改名しているが、以前と同じアジア諸国の役人や教師のための英語学習のメッカである。日本人も国内外で、英語をアメリカ人やイギリス人とよりも、アジアの人々と使うほうがずっと多くなっている。（本名, 2002b, pp. 3‐4）

また、宮原（1998:25-31）は、日本のビジネスパーソンとアジアの英語スピーカーとの関係について、日本人が『「付き合う相手」が急増している』ことに言及し、「これまではもっぱら先進国相手」であったのが、「対アジアで高まる重要度」を指摘している。日本の大学英語教育において、戦略的に英語のグローバル化と多様化に対応していくには、英国や米国出身の英語を

第一言語とする話者による英語をお手本にするだけでなく、アジアの英語について、その歴史と現況を学ぶ必要があるだろう。

　アジアの英語については、大別して、英語公用語国・地域（フィリピン、シンガポールなど）と英語国際語国・地域（インドネシア、タイ、ベトナム、中国、台湾、韓国、日本など）の２つに分けられる。英国や米国の旧植民地国である主な英語公用語国・地域の歴史的背景について、Crystal（2003, pp. 46-49, pp. 54-59）は、南アジアについて「インド亜大陸の英語話者の数は、おそらく、米国と英国を合わせた数より多い」とし、東南アジアについては、「フィリピンは1946年に独立したものの、アメリカ英語の影響は強い上、東南アジアの中でも英語話者人口が多く、世界の英語話者の総数に貢献している。東南アジアの旧英国領（香港、シンガポール、マレーシアなど）では、必然的に速いスピードで英語が影響力の強い言語になり、そして、英国の教育システムの導入により、学習者は、標準的なイギリス英語モデルに初期から触れるようになった。そして、20世紀になって、英語という媒体を通じて高等教育が行われるようになった」と述べている。そして、インターネット時代に突入すると、多国籍企業は、海外から資材を調達し、製造を外注するだけでなく、ホワイトカラーの業務を海外に移管するようになった。アジアにおいては、他のアジア諸国に比べて英語の普及率が高い英国、米国の旧植民地（インド、フィリピン、シンガポール、マレーシアなど）が、多国籍企業の「バックオフィス」機能を担うようになった。（Friedman, 2000; 船橋，2002）

　これに対して、歴史的に英語教育を強制されてこなかったアジアの英語国際語国・地域では、さほど英語教育に熱心でなかった。これには、たとえば、自民族のアイデンティティーを大事にする母国語重視の言語政策や、宗主国が英語圏ではなかった（たとえば、フランス、日本など）ため、国内で外国語としての英語の地位が相対的に低かったといった理由があると考えられる。しかし、アジアの英語国際語国・地域においても、1990年代になって英語教育熱が高まっている。これは、冷戦終結後、IT革命を動力としたグローバリゼーションの影響が大きい。「アジアを世界最大の英語地域」とし、アジ

アの非英語国圏の英語教育の先鋒として、第1に中国(「英語を勉強するのは、自分自身が出世し、また、中国を強くするため」と主張するドキュメンタリー映画「クレイジーイングリッシュ」や、2001年のAPEC(アジア太平洋首脳会議)の開催前の上海の「100の英会話」運動の展開の例)、第2にベトナム(旧フランスの植民地だが、1997年のASEAN加盟以来、英語力向上に力を入れ、2000年には、中学1年から高校3年までの生徒を対象に、ベトナム教育省と、米国企業24社による「ベトナム教育のためのビジネス連合」が開発した新教科書を導入)を挙げている。なお、ASEAN(東南アジア諸国連合)では作業語が英語であり、年間、国際会議を300回ほど開催している。また、同じくフランスの植民地であり、フランス語を話すことがエリートの証であったカンボジアも、英語を「実質的な第一外国語」として扱うようになり、1999年、ASEANに加盟している。(船橋, 2000, pp.34-70)
アジアの英語教育が注目される中、2003年、国際学会Asia TEFLが設立された学会の目標は以下のとおりである。

The goals of Asia TEFL are to promote scholarship, disseminate information, and facilitate cross-cultural understanding among persons concerned with the teaching and learning of English in Asia.
(http://www.asiatefl.org/ 閲覧日2007年12月31日)

共通語を英語とし、2007年12月31日現在で出身国58カ国からなる会員数9,184名(うち、アジア37カ国、会員数8,781名)となっている。2003年、釜山で第1回大会が開催されて以来、年次大会が催されいる。2004年はソウル、2005年は北京、2006年は福岡[6]、2007年はクアラルンプールが会場となり、第1回大会から第4回大会までは東アジア地域のEFL国、韓国、中国、日本での開催であった。2008年度はバリで開催予定となっており、500件の口頭発表、1,000人以上の参加者が見込まれている。大会テーマは"Globalizing

---

6　2006年度大会は福岡市の西南学院大学が会場校であった。
http://new.asiatefl.org/2006conference/conference2.html　(2007年12月31日閲覧)

Asia : The Role of ELT." で、以下の10件のサブトピックを掲げている。

1. ELT: Asia's Global Visa?
2. Asianizing English
3. English and Asian Languages
4. Responding to Global Competition in Providing English Language Services
5. Educating the Teachers
6. The Use of Information Technology in ELT
7. Cultural Values in Language Teaching
8. Facing the Realities of Asian Classrooms
9. Reconsidering the Use of International Proficiency Tests
10. Using Local Literatures in English or Translations for Teaching English

2.5 東アジア地域のEFL国（中国・韓国・日本）における大学英語教育

次に、先行研究を基に、アジア諸国の中で、中国、韓国を挙げて、日本の大学英語教育とこの2国のそれを比較する。この2国を挙げるのは主に3つの理由である。

第一に英語を日常言語として学ぶ（English as a second Language/ESL）教育とは違い、英語を外国語として学んでいる点（English as a foreign language/EFL）が同じであること。なお、『英語教育用語辞典』（白畑他, 1999.102-103）は、EFL(外国語としての英語)の特徴として、(1)母語の転移（transfer）を受けやすい　(2)知能(intelligence)の影響を受けやすい　(3)動機づけの影響を受けやすい」ことを挙げている。

第二に同じ東アジアに位置し、日本と地理的に近いこと。

第三にこの2国の出身者は九州大学の留学生に占める割合が大きいこと。九州大学に在籍する留学生のうち、中国、韓国の出身者が多い。2006年5

月1日の時点で、九州大学には73カ国・地域から1,297人の留学生が在籍しており、アジア地域の留学生が977人で85.6％にのぼる。第1位を占めるのは中国からの留学生で501人、第2位は韓国の205人となっている（九州大学国際交流部、留学生課 http://www.isc.kyushu-u.ac.jp/intlweb/data/index.htm、2006年5月30日閲覧）。彼らの出身国で現在どういった英語教育を行っているか知ることは意味があると思われる。

なお、この項の主要な参考文献とした『このままでよいか英語教育 ― 中・韓・日3か国の大学生の英語学力と英語学習実態（宮原他、大学英語教育学会九州・沖縄支部プロジェクトチーム、1997）』では、九州大学を含め、表2-3「研究協力校」に示すように、中国4大学、韓国8大学、日本15大学の計27大学が研究協力大学として参加している。この被験者の特徴は、研究者が大学英語教育学会の九州・沖縄支部のプロジェクトチームのメンバーであるため、日本の大学については、九州・沖縄内に限られていること、中国・韓国については、その日本の大学と交流関係のある大学を主としていること、中国の場合は重点大学[7]のみから選ばれているという点が挙げられる。

九州大学の英語教育を考察する場合に、九州の大学を中心に行われたこの

表2-3　研究協力校

国籍	研究協力大学
中国	北京科学技術大学、北京航空航天大学、吉林大学、東北工学院大学（現東北大学）
韓国	梨花女子大学校、高麗大学校、韓国航空大学校、韓神大学校、建国大学校、光州大学校、全南大学校、紀全女子専門大学
日本	琉球大学、純心女子短期大学、長崎大学、鹿児島大学、熊本大学、熊本商科大学（熊本学園大学）、西南女学院短期大学、西南大学、福岡女子短期大学、九州共立大学、福岡教育大学、九州工業大学、福岡大学、九州大学、筑紫女学園大学

（『このままでよいか英語教育』（宮原他、1997）を基に筆者が作成）

7　重点大学とは、中国政府が、国内の1000強の大学のうちから、指定して重視する77大学を言う。

調査は参考になると思われる。以下に考慮すべき点を挙げたい。

　第一に、この調査が1992年9月から11月までに実施されたもので、現況の参考資料とするにはデータがいくぶん古くなってしまっており、以下について変化が大きい。

　・大学入試の多様化が進んでおり、九州大学でも推薦入試やアドミッションオフィス（以下、AO）入試が導入され、全国統一のセンター試験、九州大学独自の二次試験の英語科目の受験を経ずに入学する学生がいる。また、編入学生、（英語圏、非英語圏からの）帰国子女、社会人学生などが増えるにつれ、学生の英語力も多様化している。

　・現在の九州大学に在籍している学生の多くが、高校で旧文部省によるコミュニケーション重視の英語教育を受けてきている。1994年に高校英語にオーラル・コミュニケーションが導入されているため、調査当時の1992年の日本の大学生とは、英語のレベル、スキル、学習歴、英語の学習スタイル、動機づけなど、様々な面で異なると考えられること。

　・990年代初めと現在では、日本社会が日本の大学・大学院の卒業生に期待する英語力とは大幅に変化している。また、グローバリゼーション、国内の経済不況など、当時と日本の企業を巡る状況が大きく変わってきている。同調査では、英語と就職の関係について、就職先の企業や官公庁、大学卒業生を対象にした調査が実施されておらず、就職に関する一般書（『就職の赤本』95年度版）を基に考察しているに過ぎない。

　第二に、九州大学の検査対象者は医学部、法学部、工学部の3クラスのみ（94人、九州大学の対象者の在籍学年については、同調査では言及されていない）となっており、総合大学である九州大学の英語教育について、この調査だけをもとに考察するには、データ数が少なすぎる。

　第三に、プロジェクトチームが大学・短大の英語教員のみで組織されており、プロジェクトチームの中に、大学・大学院の専門教員、外国人教員、研究対象校の卒業生、企業、官公庁の採用担当者、小学校、中学校、高校の英語教員が含まれていない。

　なお、九州大学で実施した「外国語教育ニーズ分析予備調査の結果につい

て」(松村、山村、2003) から、英語教員と専門教員の間で、専門課程で必要となる英語の技能については、認識の差があることが分かっている。この認識のずれについては、第 5 章 5.6.2「総合英語演習」「英語特別演習」(EGP) の「指導スキル」分析でも触れることとする。以下に、中・韓・日の大学英語教育の実態の比較 (表 2-4) と中・韓・日の社会的背景の比較 (表 2-5) をまとめた。

表 2-4　中・韓・日の大学英語教育の実態の比較

	中国	韓国	日本
クラス編成	能力別クラス編成	部分的に能力別、跳び級あり	専攻分野別クラス編成
カリキュラム	国が指定	コース ― 体系的編成 シラバス ― 共同作成	コース ― 体系性不十分 シラバス ― 個々の教員の自由
4技能の訓練	総合的 (Integrative)	個別的	個別的
教科書	共同採択	共同採択	個々の教員の自由裁量
授業の言語	原則として英語	自由	自由
試　　験	共同出題、共同採点	共同出題、共同採点	教員個人が出題・採点
継続学習	専門英語教育 (EAP)	3～4年次に選択英語	専門英語ほとんどなし。あっても、多くは選択科目
基本精神	専門教育の手段としての英語	実用主義	教官個人の自治 教養主義と実用主義の共存

(『このままでよいか英語教育』(宮原他、1997)、『事典　アジアの最新英語事情』(本名信行編・著、2002) を基に筆者が作成)

　中国、韓国は、日本と同じく東アジアの EFL 教育を行う国であるが、大学英語教育の現況はかなり異なる。大学への進学率が低く、エリート養成を目的とする中国、大学進学率が4割近くあり、大学教員にアメリカ留学経験者が多く、実用英語に重点を置いた韓国、大学への進学率は高いが、少子化で18歳人口が減っているため、個々の大学が教育に工夫をこらす必要がある

表2-5 中・韓・日の社会的背景の比較

	中国	韓国	日本
国家の指導	あり。	直接はなし。	なし。
就職との関係	就職と直結。	就職の重要な要件	重大な関係はなし
教員養成	英語能力を中心とした国際性のあるしかもIT（Information Technology）に強い教師が求められおり、再教育が進んでいるが、薄給のため、英語が専門の教師の企業流出が激しい。	大学の教員には特定の教育資格は求められないが、高学歴が要求される。「外国語としての英語教育（TESL）」分野でのPh.Dの学位を英米で取得した教員が数多く見られるようになっている。	外国語教師の大部分が英語学、英米文学の専攻であるため、言語素材についての専門家であっても、教育の専門家としての比重は低い。なお、文部科学省が英語教員の資質の向上をめざし、さまざまな検討を重ねているが、大学教員が含まれているかどうか不明。

（「国家の指導」「就職との関係」については、『このままでよいか英語教育』（宮原他、1997）と「教員養成」については『英語教育の科学』（竹蓋幸生, 1997）『事典 アジアの最新英語事情』（本名信行編・著, 2002）を基に筆者が作成）

日本とは、大学生の層や、社会や学生本人の大学教育に対する期待度や動機づけも大いに違ってくる。このように、EFL の特徴である「知能の影響の受けやすさ」「動機づけの影響の受けやすさ」について、3つの国の大学生の間で明らかに差があるため、日本が中国や韓国の大学英語教育のモデルをそのまま無批判に模倣しても、効果は期待できないと考えられる。

2.6　日本の大学における英語教育改革の試み

1991年の「大学設置基準の大綱化」以降、日本の大学教育はそれぞれの個性を活かしつつ、改革を進めている。全国的に行われている大学教育の改善策について、石川他（1997）を基に表2-6「日本の大学英語教育プログラムの改善策としてまとめた。

表2-6　日本の大学英語教育プログラムの改善策　石川他（1997）

項目	内　　容	具　体　例
1	目的や達成目標の設定	実用英語検定試験、TOEIC、TOEFLとの単位互換を含む
2	目的限定型教育	ESP
3	共通教材の作成	東京大学の教養部改革などに代表
4	個別教材の作成	ESPなど
5	能力別クラス編成の導入	
6	英語科目の選択制度	大学入試から英語を外したり、高等教育在学中に英語を履修しなくても卒業できる制度
7	選択性を重視したコース制の導入	立教大学など
8	専門教員と英語教員のティーム・ティーチング制度	立命館大学など

　各大学によって、学校規模、学生数、教員数、学生の英語ニーズなど、その大学における英語教育プログラムの実情が違うため、すべての大学がこの8つの項目を直ちに導入できるわけではない。

　本研究の主たる対象である九州大学では、表2-6のうち項目1については、新入生に「外国語のすすめ」（九州大学大学院言語文化研究院, 2007）という冊子を配布し、総長とならんで各学部長からの外国語学習についてのメッセージを載せ、各外国語の検定、資格試験案内、および、TOEIC、TOEFLの単位認定について紹介ししている。項目3の共通教材 *Passege to English* の出版（2000年9月）、と項目5の能力クラス編成（2006年度の新カリキュラムでTOEFLのスコアによるクラス編成を導入済み）も段階的に導入している。しかし、学生の専門課程進学後まで考え、学生の所属学部や専門コースを意識した項目2、4、7、8については、九州大学はこれからの課題であり、他大学の試みには参考にすべき点が多い。

　京都大学でも九州大学と同じく2006年度から英語新カリキュラムを導入している。その際、京都大学で目指す大学英語をEAPとし、それをさらにEGAP（English for General Academic Purposes）「一般学術目的の英語」と

第2章　外国語学習に影響を与える要素と日本の大学英語教育を巡る環境

ESAP (English for Specific Academic Purposes)「特定学術目的の英語」に区分して連続体としてとらえ、前者を全学共通科目の英語、他の学部が提供する英語と位置づけ、両者をEAPの下に有機的に関連づける。また、EGAPの英語Ⅰを担当する教員については、各授業科目担当者について「各科目担当者は、一定期間（例えば、少なくとも3年間）は同一科目を担当することが望ましい。（なお、教材は、毎年すっかり別のものを使わねばならないという理由はない。）各科目担当者は、授業の改善に向けて、同一科目群内や異種科目間などの連繋を図ることが望ましい」（「学術研究に資する英語教育―京都大学における英語新カリキュラム」、京都大学大学院人間・環境学研究科英語部会, 2006）としている。同時期に新カリキュラムを導入した学術研究を志向する国立大学として今後の動向が注目される。

　なお、すでに「大綱化」以降、英語教育を積極的に改革した他大学の先行事例のうち、その成果を発表している最近の出版事例について、以下の表2-7にまとめた。

表2-7　大学英語のカリキュラム開発に関する出版物（2003年～2005年）

発行年月	内容	書名（出版社名）	副題	大学名
2003年4月	発信型英語	『英語教育のグランド・デザイン』（慶應義塾大学出版会）	慶応義塾大学SFCの実践と展望	慶應義塾大学
2004年9月	カリキュラム・教材開発	『これが東大の英語ですか』（研究社）		東京大学
2005年2月	CALL	『これからの大学英語教育』（岩波書店）	CALLを活かした指導システムの構築	東京大学、京都大学、千葉大学、文京学院大学、日本大学、千葉大学大学院
2005年3月	ネットワーク型教育	『英語は早稲田で学べ』（東洋経済新報社）	ネットワーク型教育が「大学英語」を変えた	早稲田大学
2005年11月	ESP (English for Specific Purposes)	『ビジネス系大学の英語教育イノベーション』（白桃書房）	ESPの視点から	高千穂大学

29

現在、英語教育プログラムでの革新的な試みについて、一般の読者を対象にした出版物で発表している大学が増えている。通常は学会誌などを手に取ることのない大学生、高校生、高校教員、社会人に向けて、大学の英語教員が自ら大学の英語教育プログラムの成功事例を発信すれば、日本の大学英語教育に対して世間一般の関心が集まり、イメージの向上につながる。しかしながら、商業出版による大学英語の現状の紹介、という性質上、読者の関心を引くような好ましい点のみ強調されている傾向がある。また、このような出版物では、前述の語学カリキュラム開発の段階別作業（表1-1）のうち、段階2「目的・目標の設定」、段階3「カリキュラムの計画と精緻化」、段階4「シラバス・教材・テスト（評価方法）の選定」、段階5「授業の実施」を中心に紹介しており、他の大学がカリキュラム開発をする時に参考になる段階1「ニーズ分析・データ収集」や段階6「カリキュラムの事後評価」を批判的アプローチで調査分析しているものは少ない。

2.7　まとめ

この章では本研究の対象である日本の大学英語教育プログラムの持つ特徴が、先行文献ではどのように扱われているかを考察した。日本の大学英語教育は成人学習者を対象とし、特に低学年次の必修英語では、習熟度が異なる学生からなる多人数クラスで教えることが多い。日本の大学英語教育の言語的環境は、EFL環境に分類されており、このEFL環境では学習者は均質的であり、教室外での英語使用は少なく、大学入学前の学習目標は入試で高得点を取ることであるため、動機づけの保持が難しいと特徴があった。今後は、Global Englishの普及により、ESL環境とEFL環境の境界があいまいになることが予想されている。また、この章ではアジアで共通語として英語が地位を高めている現況と、東アジアのEFL国である中国、韓国、日本の大学英語教育について比較し、日本の大学における英語教育改革の試みについて検討した。

第3章
日本の英語教育改革論
― 「新書」を例に ―

3.0 はじめに

　本章では、日本の英語教育を巡る時代背景を俯瞰する手段として、学習者や学習者の固定観念に影響を与える印刷メディアの1つ、日本人の英語学習者が気軽に手に取る機会の多いいわゆる「新書」と呼ばれる類の書籍を例として取り上げる。2000年から2006年に出版された新書のうち、日本の英語教育について論じている新書12冊を対象に、タイトルの傾向、出版時期、主張の内容について分析し、日本の社会では、日本の英語教育の何が問題とされているか概観し、日本語の商業出版メディアが作り出す日本の英語教育の一般的なイメージと、その形成のされ方、それによって生じる大学英語教育への影響や問題点を考察する。

3.1 日本の「新書」ブームと英語教育論

　「日本の英語教育」について論じている新書を選定する際に、『新書マップ－知の窓口』（新書マップブレス,国立情報学研究所（編）,2004）とそのウェブサイト「テーマで探す新書ガイド」（2007年8月10日現在、収録数10,026冊）http://shinshomap.info/search.php を主たるリソースとした。『新書マップ』によれば、新書の歴史は1938年に岩波新書の創刊で幕をあけ、1950年代に「新書」というフォーマットが確立し、新書ブームと呼ばれる状況が起こった。その後、学生の読書傾向の変化による新書低迷期を経て、90年代以降、消費者の低価格志向に対応して出版社の新書参入が始まり、養老孟司の『バカの壁』が350万部を越える部数（2004年推定）を記録するなど、新書マーケットが盛り上がりを見せている。また、2006年7月には安倍晋三

(2006年9月26日、首相に就任、2007年8月27日、辞職)が中公新書より『美しい国へ』を上梓するなど、新書ブームはさらに続くと思われる。新書は手軽に読める教養書として人気が高く、中心読者層は中年、壮年以上の男性で、売れ筋の3テーマは「歴史、日本語、人間関係」である。日本語だけでなく「英語」もヒットのツボであり、これに著者のネームバリューあるいは話題性が加わるとヒットが誕生するとされる。なお、同書は「言語と語学」に1章を割いており、英語・英語学習・英語教育に関係するものとして、「ビジネス英語」「英語公用語論」「バイリンガリズム」「英単語」「日本人と英語」「英会話」「翻訳」「通訳」「英文法」「言語学」など多岐にわたるカテゴリーが掲載されており、この分野に対する日本社会からの関心の高さが窺える。

3.2 分析

3.2.1 分析の対象

本章では2000年代の日本の英語教育論の火付け役になった『あえて英語公用語論』(船橋, 2000)以降に出版された2000年から2006年までに出版された英語教育に関して論じている項がある新書12冊(表3-1)を対象に分析する。英語に関する新書は多いが、このうち英語にまつわる雑学や文化を扱う英語・英米文化教養本、英会話や英語学習の方法論を扱ういわゆるハウツー本は除く。なお、同一の著者が2冊以上の英語教育関係について扱った新書を出版している場合は、後に出版されたものを分析の対象にする。

3.2.2 英語教育改革論を扱う新書タイトルの傾向

2000年以降、新書ブームは続き、『バカの壁』(養老, 2003)、『下流社会』(三浦, 2005)、『国家の品格』(藤原, 2005)、『美しい国へ』(安倍, 2006)など、読者の感情に訴えるタイトルを冠した新書が書店の棚に並んでいる。新書のタイトルは『ケータイが日本を救う！』『日本語はおもしろい』(下線筆者)という肯定的なものもあるが、以下の表3-1に下線で示すように、日

第3章　日本の英語教育改革論

本の英語・英語教育を扱うタイトルは、「いらない」「話せない」「ダメにした」「壊す」「バカになる」「危うし」など、否定的かつ攻撃的なものが圧倒的に多い。必ずしも著者が題名をつけているわけではなく、内容と題名の不一致が見られることもあるが、題名が一人歩きをし、いたずらに学習者の危機感を煽り、学習者の英語学習に対する動機づけや態度に影響を与えていることも考えられる。

表3-1　分析対象新書リストのタイトル（出版年月順）（下線は筆者）

1. 『あえて英語公用語論』（船橋洋一、文春新書）2000年8月
2. 『英語はいらない!?』（鈴木孝夫、PHP新書）2001年1月
3. 『なぜあなたは英語が話せないのか』（東後勝明、ちくま新書）2001年5月
4. 『誰がこの国の英語をダメにしたか』（澤井繁男、生活人新書）2001年12月
5. 『英語の壁- The English Barrier』（マーク・ピーターセン、文春新書）2003年7月
6. 『英語は日本人教師だから教えられる — アルファベットから始める英語教育改革試案』（上西俊雄、新書y）2004年4月
7. 『日本語力と英語力』（斉藤孝、斉藤兆史、中公新書ラクレ）2004年4月
8. 『文科省が英語を壊す』（茂木弘道、中公新書ラクレ）2004年9月
9. 『日本の英語教育』（山田雄一郎、岩波新書）2005年4月
10. 『英語を学べばバカになる — グローバル思考という妄想』（薬師寺仁志、光文社新書）2005年5月
11. 『英語を制するライティング — 知的な大人の勉強法』（キム・ジョンキュー、講談社現代新書）2006年3月
12. 『危うし！　小学校英語』（鳥飼玖美子、文春新書）2006年6月

　表3-1に挙げた新書以外に、斉藤兆史は、『英語達人列伝』中公新書2000年5月、山田雄一郎は、『英語教育はなぜ間違うのか』ちくま新書2005年2月、鳥飼玖美子は、『TOEFL・TOEICと日本人の英語力 — 資格主義から実力主義へ』（講談社新書）（2002年4月）を出版している。

3.2.3 出版時期と日本の英語教育史上の事件

2000年以降、日本の英語教育論議をテーマにした新書が相次いでいる。『日本の英語教育200年』（伊村, 2003）、『なぜ教育論争は不毛なのか－学力論争を超えて』（苅谷, 2003）、英語教育ニュースウェブサイト http://www.eigokyoikunews.com/、（2007年10月１日閲覧）英語教育史学会ウェブサイト http://tom.edisc.jp/e-kyoikushi/ を参考に、「日本の英語教育の重要事件（1980年〜2006年）（2007年10月１日閲覧）と英語教育関係の新書の出版年について、表３‐２としてまとめた。出版時期から、第一期を「英語第二公用語論」「文部科学省『英語が使える日本人』の育成のための戦略構想」への賛否の時期（2000年〜2003年）とし、第二期を「ゆとり教育による学力低下・学力崩壊論、日本語ブーム」「小学校英語導入」「オーラル・コミュニケーション重視」への賛否の時期（2004年〜）の２つに分けることができることがわかる。

表３‐２　日本の英語教育上の出来事　（1980年〜2006年）と英語教育関係の新書の出版年

西暦	日本の英語教育上の重要事件	新書名（出版月）
1981年	中学の英語授業が週３時間になる。	
1987年	JET（語学指導等を行う外国青年招致事業）プログラム発足、外国人指導助手（ALT）招致。	
1989年	高校に新科目オーラル・コミュニケーション導入。	
1990年	新テスト(大学入試センター試験)実施。	
1992年	国立・公立の小中高など、毎月第２土曜日が休業になる。	
1995年	文部省、公立学校で実験的に英語教育をしている14都県の14の「研究開発校」を次年度から47都道府県の１校ずつに拡大。	
1998年	文部省、「小学校学習指導要領」「中学校学習指導要領」告示。	
英語教育改革論新書：第一期「英語第二公用語論」「文部科学省「『英語が使える日本人』の育成のための戦略構想」への賛否の時期(2000年〜2003年)		

34

第3章　日本の英語教育改革論

2000年	小学校の総合学習で英語「英語が使える日本人」の育成のための行動計画。 中公新書ラクレが『論争・学力崩壊』を発刊。 小渕首相の私的懇談会「21世紀日本の構想」が、英語第二公用語化の議論を提言（これ以降、英語第二公用語化論が始まる）	新書1.『あえて英語公用語論』（8月）
2001年		新書2.『英語はいらない！？』（1月） 新書3.『なぜあなたは英語が話せないのか』（5月） 新書4.『誰がこの国の英語をダメにしたか』（12月）
2002年	文部科学省「『英語が使える日本人』の育成のための戦略構想」発表。 新学習指導要領実施。「総合的な学習の時間」が設けられ、小学校で英語教育が行われる。学校の外国語は必修となり原則として英語を履修。原則週3時間に。スーパー・イングリッシュ・ランゲージ・ハイスクール（SELHi）が活動開始。	
2003年	TOEIC受験者が140万人を突破（公開テストの実施回数（年7回から年8回へ）や受験地の新設（釧路、長岡）。 留学生の総数は約11万人にのぼり、過去最多。1983年に政府が目標とした10万人に達した。	新書5.『英語の壁-The English Barrier』（7月）

英語教育改革論新書：第二期「ゆとり教育による学力低下・学力崩壊論、日本語ブーム」「小学校英語導入」「オーラル・コミュニケーション偏重教育」への賛否の時期（2004年～）

2004年	総務省、小学校専属のALTを大幅に増員すると発表（2006年以降は3年生以上の学年を対象に約1,000人を配置予定）。	新書6.『英語は日本人教師だから教えられる－アルファベットから始める英語教育改革試案』（4月） 新書7.『日本語力と英語力』（4月） 新書8.『文科省が英語を壊す』（9月）

2005年	小学校での英語教科化反対。大学教授らが要望書を文科相に提出。	新書9.『英語教育はなぜ間違うのか』（2月） 新書10.『英語を学べばバカになる－グローバル思考という妄想』2005年5月
2006年	大学入試センター試験英語へのリスニング導入。TOEIC試験リニューアル。主な変更としては、リスニングセクションでは、米国、英国、カナダ、オーストラリア、ニュージーランドの発音が採用され、リーディングセクションでは、誤文訂正問題が削除される。	新書11.『英語を制するライティング知的な大人の勉強法』2006年3月 新書12.『危うし！小学校英語』（6月）

3.2.4 執筆者のプロフィール

　新書に掲載された情報を基に新書12冊の著者13名のプロフィールについて考察する。なお、『日本語力と英語力』のみ2人の著者による共著である。今回分析対象とした新書の著者には、女性の大学教授（1名）や韓国人ビジネスマン（1名）や米国人大学教員（1名）も含まれるが、（英語教育が専門とは限らず）文系の大学教授で日本人男性が多数派である。日本の新書は日本人読者を主たる対象としているため、日本語で執筆されているのは当然であるが、日本語が外国語である韓国人ビジネスマンも米国人大学教員も、ともに日本語での書き下ろしであり、母国語で出版したものを和訳したものではない。

　著者の年齢層については2名（鳥飼、ピーターセン）が生年を新書に不掲載であるが、それをのぞく11名については1926年生まれ（鈴木孝夫、大学名誉教授）から1975年生まれ（キム・ジョンキュー、ビジネスマン）までと幅広い。内訳は1920年代生まれ1名、1930年代生まれ2名、1940年代生まれ3名、1950年代生まれ2名、1960年代生まれ2名、1970年代生まれ1名となっている。最年少であるキム・ジョンキュー（1975年生まれ）はソウル出身で15歳以降は米国で教育を受けている。そのため、プロフィールから見る限り、どの論者も日本国内の中学生、高校生時代にAssistant Language Teacher（以下、ALT）が参加するコミュニケーション重視の英語の授業を生徒として実体験しているわけではない。

また、13名の執筆者の職業で一番多いのは大学教員（8名）で、ジャーナリスト、ビジネスマン、出版社代表、辞書編纂者、予備校英語講師が各1名となっている。新書はたとえ学術的なテーマを扱っていても、商業出版物であるため多数の読者を引きつけることができる著名人が執筆することが多く、日本の英語教育に関する新書では日本人の英語習得、日本の英語教育の問題点について、著者が論じていても、必ずしも大学などの高等教育の機関で英語教育の教育歴、研究歴があるというわけではなく、自身の研究調査による客観的なデータを新書中に開示しているものは稀である。

3.2.5　各新書の主張

　新書は学術目的で書かれるというより、専門知識を持たない一般市民を読者対象とし、その時機に乗じた話題性が高いテーマを取り上げる傾向が強い。そのため、出版当時に日本の英語教育で何が話題となっているのか容易に把握できる。ここでは12冊の新書で取り上げられることが特に多かった3つのテーマ(1)日本人の英語力、(2)日本社会での英語ニーズ、(3)理想的な英語教育のあり方、について分析する。

3.2.5.1　日本人の英語力

　分析対象とした新書の多くが、「日本人の英語力の（他国との比較においての）低さ」と「（経時的な）低下」を指摘している。その根拠として引用されている数的データで最多のものはTOEFLのスコアであり、他国との比較や経時的な低下を示すものとして使われていた（船橋、山田、茂木、鳥飼、キム）。その一方、一国の国民の英語力の尺度としてのTOEFLの有効性について疑わしいと指摘する新書もあった（鈴木、薬師寺、東後）。TOEFLのスコア以外で日本人の英語力の低さと低下を示しているのは、日本の中央政府の英語力について言及したもの（船橋）、筆者自身の授業観察によるもの（斉藤、澤井）、大学予備校の河合塾のデータ（茂木）である。また、「日本人の英語力が低い理由を考えるよりも、英語が上手な日本人はどうやって上手になったかを考えるほうが有益である、なぜなら、英語ができないこと

を、学習者の責任ではなく、日本人に生まれた宿命のように、結論づければ気分的に楽だからだ」という指摘（ピーターセン）もある。

このように、新書の多くでは「日本人の英語力は国際的に見て低く、ゆとり教育やオーラル重視の教育によってさらに英語力が低くなっている」とする論調が一般的であり、日本人の英語力は低いという、英語学習者の否定的な自己イメージを強化している。

3.2.5.2　日本社会での英語ニーズ

『あえて英語公用語論』（船橋、2000）以降に出版された新書では、それに対する反論として、日本の社会では英語は必要でないと主張しているものが多い。理由として、英語は日本社会の生活言語ではないこと、英語がなくても生きていけること（鈴木、山田、薬師寺）を挙げている。また「日常生活では必要ないが、インターネット、ビジネス英語は必要である」（茂木）という限定的なニーズがあるとする主張もある。しかしながら、いずれの新書でも調査に基づく詳細なニーズ分析を記載しているものはない。

新書は日本語の文書メディアで日本人向けに書かれていることから、日本社会には英語のニーズがないという言説も新書の特徴と考えられる。「日本の英語学習者は英語力が低いだけでなく、英語を学ぶ必然的なニーズもないため、積極的に英語を学習する必要はない」として、英語学習をしない理由づけが働くことも予想される。

3.2.5.3　理想的な英語教育のあり方

分析対象の新書では、それぞれの立場から望ましい英語教育の姿を提言している。新書で、頻繁に取り上げられているトピックとして、(1)どの種(variety)の英語・文化を学ぶべきか、(2)誰が教えるべきか、(3)いつから英語教育を開始すべきか、(4)どの技能を中心に教えるべきか、がある。

(1)どの種の英語・文化を学ぶべきか
日本の英語教育で、学習者が目標として目指すべき英語のアクセント、英語

教育のあり方については「日本人英語を目指すべき、日本人なまりでよい、英米人抜きでも成立する英語」（鳥飼、鈴木）という論と「英国人、米国人固有の言語や文化を規範として、目指すべき英語」（東後、斉藤）という論の2つの考え方に分けることができる。前者の代表的な論拠として「ノンネィティブとの会話のほうが多い」（鳥飼）と主張している。後者の代表的な論拠としては、「低級なピジン英語話者[8]を大量生産するだけ」（斉藤）、「日本人英語は目指すべきものではなく、結果」、（学習素材として）「日本をテーマにしたからといって、学習効果が上がる証拠はない」（東後）などの考え方がある。

　英国、米国の言語文化を理想像として英語を学ぶべきか、それとも世界言語（World Englishes）としての英語を目指すべきかという問題は、大学などの教育機関内でも現場での教員間でコンセンサスが得られていない場合も多いことが推察される。

(2)誰が教えるべきか
　誰が英語を教えるべきかという問題は、前項の「どの種の英語・文化を学ぶべきか」、とも関連する。
　2004年に総務省は小学校専属のALTを大幅に増員すると発表している。英語のネィティブスピーカーを教師とすれば、学習者の英語力が上がるという発想に対して、新書では、日本人英語教員の語学教員としての優位性についての強調（上西）や、（英語のネィティブスピーカーの活用は）英語教育の一手段に過ぎない（東後、山田）とする主張がある。
　しかし、ピーターセンを除くとこれらの論者は英語のネィティブスピーカーではなく、ALTの授業を生徒として実際に受けたという学習者としての実体験もない。そのため実際に現場で教えている教員や学生の現状を把握

8　「ピジン言語 = pidzinization」「複数の言語が使用されている地域で、2つ以上の言語が交じり合って、単純化された言語。特に16世紀以降、アジア、アフリカ、中南米、ハワイなどのヨーロッパの植民地で使用された。」（『英語教育用語辞典』白畑知彦他，1999，p.231）

することなく、ALT を雇用する側（システム側）の視点のみで批判していることも考えられる。

　日本では、中学、高校の ALT だけでなく、大学の英語教育の場でも外国人の英語教員の採用が増えてきているが、十分な支援体制のもとで指導しているとは限らず、異文化間の摩擦に個人で対処しているという現状がある。(Wadden, ed. , 1993)

⑶いつから英語教育を開始すべきか
　「英語教育の開始時期」については、「ゆとり教育による学力低下・学力崩壊論、日本語ブーム」「小学校英語導入」とあいまって、新書で取り上げられることが多くなっている。ここで取り上げた新書では小学校での英語導入に対しては否定的な意見ばかりであり、肯定的な意見はなかった。その批判の理由として、「エリート教育の発想」（斉藤）、「(すでに小学生の時点で差がついてしまうため）、格差社会の拡大」（鳥飼）、（現時点での小学校への英語導入は）「見切り発車」（東後）という意見が挙げられる。大学英語プログラムを改革する上で入学以前の英語学習との接続性を考える場合、大学に入学する前に受けてきた英語教育は検討すべき重要な要素である。

⑷どの技能を中心に教えるべきか
　特に第 2 期では、「日本の英語教育は、読み書き中心とすべし」という論調の新書が増えている。たとえば、「（日本の英語教育が）読み書き重視と言うのはウソである」（キム）「（実社会で）モノをいうのは Written English」（茂木）、「翻訳力が大事」（斉藤）といった記述が挙げられる。ただし、具体的な社会の英語ニーズを技能別に調査したデータに基づいた主張はなかった。

3.3 「新書」による日本の英語教育論の功罪

　日本における英語学習・英語教育に関する新書の印刷点数が増えることにより、英語教育に対する関心が高まり、議論が活発になるという利点がある。

実務や研究で英語教育を専業としていない論者であるからこそ、英語教員や英語教育の研究者にはない自由な発想で論じることができるという点もある。しかし、新書の英語教育論には、以下に挙げる問題点がある。

　問題点１：議論を裏付けるデータや引用文献の信頼度が低いものが多いのにもかかわらず、学術的根拠があるという印象を与えること。
　英語教育は日本で教育を受けた人であれば誰でも語れる内容である。また、読者を集めやすいということもあって、英語教育に直接携わっていない論者の執筆が多かった。新書ヒットの条件が「著者のネームバリューと話題性」であるため、認知度の高い著者が、「英語公用語論」「小学校への英語教育導入」などの時流に合わせて日本の英語教育批判をしている場合も考えられる。質的調査、量的調査を根拠とするのではなく、主張の根拠が自分の学生時代の学習経験や、ほかの新書で掲載内容を基に自説を展開しているケースも多い。
　高桑（2007）はコミュニケーションに拒絶反応をする人たちとして、鳥飼玖美子、茂木弘道、斉藤兆史を挙げ、新書第二期に出版された新書「日本人は英語ができない」と主張する新書７（斉藤, 斉藤, 2004）、新書８（茂木, 2004）、新書12（鳥飼, 2006）を分析対象にして、それらの科学的根拠の欠如を検証し、「日本人」「英語力」の定義づけの必要性を主張している。
　現行の日本の英語教育に対して満足していない日本人の英語学習者は、たとえ、その主張に科学的根拠が欠如している場合であっても、日本の英語教育論について学術的根拠があると誤解してしまう傾向がある。これについて、若林（2004）は、日本人が英語習得に関する俗説を信じる理由として、日本人は相手の誤りを指摘したり、違う意見を主張したりする訓練を受けておらず、マスメディアに載った誤報をナイーブな受け手は『正しいこと』として信じてしまうという「日本人の国民性」があると指摘している。また、言語習得研究は非常に限定された範囲しか調査対象としておらず、まともな第二言語習得研究のほとんどは、「日本人の英語習得過程の全容」というような全体的・統合的な話題を扱っていないのに、言語習得研究と言語教育研究が

別のものであることを分かっていないと批判している。そして、これが「一般人の誤解」を招くと指摘している。

　出版社も部数を伸ばすため、新書という日本語の印刷メディアを好む読者層の志向を汲み取り、英語教育に対するステレオタイプと幻想を感情的に煽る。その結果、日本の英語教育に対する負のステレオタイプが形成され、学習者の動機づけや態度に悪影響を与え、「英語を積極的に勉強する必要はない」というよい口実を提供し、その結果「英語嫌い」もしくは「英語学習嫌い」の学生の免罪符となる可能性もある。

　問題点2：新書はその紙数に限りがあるにもかかわらず、専門性の高い多様なテーマを1冊で取り上げるために議論が浅薄である。

　一般的に、新書ではある分野での当面の話題すべてを数時間で俯瞰できることが求められる。たとえば「第一言語習得と外国語（第二言語）習得の関係」「言語政策」「英語テスト」「カリキュラム」「言語習得の臨界期」「英語帝国主義」「World Englishes」のような英語学、社会言語学、英語教育学の中でも意見が分かれている諸問題について、ポケット版の新書1冊のおよそ200ページに収めることが要求される。また、学界での議論とは違い、あくまでも論者から読者への一方向型の議論である。そのため新書の議論は羅列的になり、学習者や語学教員が論争の中から置き去りにされており、客観性に欠けてしまっている。売れる新書作りの弊害として、著者の専門分野を無視し、知名度と話題性に重きを置き、日本で英語教育を受けた活字メディアを好む一般的な日本人（特に英会話能力に対する劣等感のある平均的な英語学習者と思われている層）向けに迎合する傾向がある。また、その売れた新書が英語教育への固定観念を助長し、感情的に危機感を煽り世論形成の一端を担う。英語教育論が過熱した結果、極端な政策のぶれが生じると被害を受けるのは学習者である。

　問題点3：新書は日本語で書かれているため、非日本語話者の当事者（たとえば、外国人の英語教員や、外国人留学生の英語学習者など）が、議論に

参加できないまま、世論が形成されてしまう。

　英語教育について論じる新書は、読者対象として、日本で英語教育を受けた平均的な英語学習者と思われる日本人を想定して、日本語で書かれている。しかし、日本の英語教育、すなわち、日本人だけを対象にした英語教育ではない。現実の英語教育の場は国際化が進んでいる。日本の公教育の場で学ぶ学生、学習者のうち、日本語が第一言語でないものも増えており、大学英語教育の現場でも、海外からの留学生、海外在住経験のある学生が増加し、多様化が進んでいる。また、日本の公教育の場で、英語教育に携わる者は日本人教員だけではない。日本の中学、高校、大学の現場で採用されている外国人の英語教員は、日本語が読めなければ、世論に対する影響力がある新書での英語教育批判を知る機会は稀である。

　日本の英語教育者と学習者は、新書をはじめとした商業的出版メディアによる英語教育改革論を無批判に受け入れるのではなく、英語教育の何が話題になっているのかを知り、日本では英語を勉強しない・させないで良いという風潮や英語を勉強する機会を阻害する動きに敏感になり、英語教育の意思決定者に、エリート以外には英語教育を授けなくてもよい・学ばなくてもよいという体のよい理由付けを与えることにならないよう、留意しなければならない。

　また、大学の英語教員は、日本の大学生の多くが、日本の大学の英語教育を経験する前に、新書などのメディアによる大学英語教育への批判を真に受け、「読み書き重視」「使えない英語教育」として、否定的な固定観念を持って入学してくることを認識する必要がある。

3.4　まとめ

　本章では、日本の英語教育の世論を形成するメディアのひとつとして、日本の英語教育の問題点について論じた新書12冊を対象に、その出版時期、頻繁に登場するテーマ、論者のプロフィール、題名の傾向について分析した。「日本人の英語力」「日本社会での英語ニーズ」「理想的な英語教育のあり方」

について述べたものが多く、日本の英語教育について論じた新書の特徴として、客観的なデータや観察による現状把握の欠如が見られる。それにより、学習者のあいだに誤ったステレオタイプが形成される可能性があることを、英語教員および関係者は認識する必要がある。

第 2 部

調査研究とその分析結果

第4章
調査の概要

4.0 はじめに

　この章では、まず第2部で分析する3種類の調査のリサーチデザインについて述べる。次にその主たる調査対象である九州大学について言及する。学内の公式発表資料（主に公式ホームページで公開されている）に基づき、大学英語教育のニーズ分析とプログラム評価をする上で考慮すべき九州大学の歴史的、地理的背景、学生の進路実績について述べる。

4.1 研究計画

　本章では、3つの調査、調査(1)九州大学全学英語教育を対象としたオンラインシラバス分析、調査(2)九州大学を含む、九州の3大学の必修英語を再履修する学生を対象とした、質問紙による調査、調査(3)英語を業務で使用する九州大学卒業生を対象とした大学卒業後の個人面接による意識調査についての研究計画の概要を述べる。

4.1.1 調査の時期、調査対象と、九州大学の英語教育改革
　以下の表4-1は、調査方法、調査対象、調査時期をまとめたものである。

表4-1　調査内容、調査対象、調査時期

	調査内容	調査対象	調査時期
調査(1)	シラバス分析	九州大学全学教育言語文化科目Ⅰ英語のシラバス	2002年度前期
調査(2)	質問紙による調査	九州大学を含む、九州の3大学の必修英語を再履修する学生	2005年度後期
調査(3)	個人面接による意識調査	英語を業務で使用する30歳以上の九州大学卒業生	2005年度後期

なお、調査時期の九州大学の英語教育改革は以下のとおりである。

2000年9月　九州大学共通教科書 *A Passege to English* の出版
2003年10月　共通教科書改訂
2005年11月　1年生全員に標準化テスト（TOEFL, TOEIC）導入。次年度から TOEFL に一本化[9]。
2006年4月　新カリキュラムの導入（表4-2参照）
2006年1月　センター試験にリスニング導入

表4-2　旧カリキュラム（1999年度〜2005年度）と新カリキュラム（2006年度以降）の対照表（志水, 2006, p.16）

旧カリキュラム（1999年度〜2005年度）

	1年前期	1年後期	2年前期	2年後期
理系6単位 文系7単位	2単位	2単位	理系1単位 文系2単位	1単位
科目	英米言語文化演習Ⅰ インテンシブ英語演習Ⅰ 総合英語演習	英米言語文化演習Ⅰ インテンシブ英語演習Ⅰ 総合英語演習	英米言語文化演習Ⅱ インテンシブ英語演習Ⅱ	英米言語文化演習Ⅱ インテンシブ英語演習Ⅱ

⇩

新カリキュラム（2006年度以降）

	1年前期	1年後期	2年前期	2年後期
理系6単位 文系7単位	英語Ⅰ（大学英語初級）（1単位必修） 英語ⅡA（表現中級）（1単位必修）	英語ⅡB（聴解読解中級）（1単位必修） 英語ⅢA（表現上級）（1単位必修）	英語ⅢB（聴解読解上級）（1単位必修） 英語Ⅳ（内容による選択）（1単位選択必修）	英語Ⅳ（内容による選択）（1単位選択必修）

9　標準化テストの結果分析は「英語標準化テストに見る九大1年生の英語力」（志水, 2007）参照。

第4章　調査の概要

　表4-2の新カリキュラムの科目のうち、英語Ⅰは共通教科書を使用する比較的大人数のクラスで、大学英語入門クラス、英語ⅡA、ⅡBは比較的少人数のクラスで、ライティングとスピーチを学ぶクラス、英語ⅢA、ⅢBはリスニングとリーディングを学ぶクラス（CALLを含む）、英語Ⅳは学習目標や関心に基づいて、学生が選択する科目となっている。新カリキュラムの特徴は、EAPの基礎力養成を目標に掲げ、同一科目には統一した科目を設定し、初級レベルから上級レベルまでの段階別、技能別の授業を実施することである（志水、2006）。

　本研究の調査時期が2002年度から2005年度であるので、調査対象としたシラバスは旧カリキュラムにあたる2005年度のものである。調査対象者には九州大学の英語新カリキュラム（2006年度以降）の履修者は含まれていない。調査(2)の再履修者は2005年度以前の入学者であり、調査(3)の対象者は1983年度以前に九州大学の教養部に在籍していた社会人である。

　現在は実施されていない2005年以前の旧カリキュラムの語学プログラムとしての問題点を分析した結果は英語教育学の分野における知見として貢献するとともに、実践上は以下の2つの目的に利用できる。

(1)旧カリキュラムの学生に対する配慮

　2006年以降、英語の新カリキュラムが導入され、2007年度現在、九州大学には、新カリキュラム履修中の低学年次の学生と、旧カリキュラムを履修した学部生、大学生が学んでいる。旧カリキュラムを履修した学生が、学部や大学院に進学した後に不利益がないように配慮が必要である。旧カリキュラムの問題点を指摘すれば、学生が継続的に英語を学習していく上で、自分が学ばなかったことを知るため情報ソースとなる。

(2)今後のカリキュラム開発への情報リソース

　2007年現在、九州大学の新カリキュラムは表1-1「語学カリキュラム開発の段階的計画」では段階5「授業の実施」と段階6「カリキュラムの事後評価」にある。1年以上の授業実施を経ているが、各教員ですでに実施上の

困難点を感じている場合も多いと考えられる。林（2004, p.207）は、「英語教育観は、英語教員の経歴や年齢など、それぞれの経験の違いや社会情勢の変化などによって異なっており、制度は変わっても意識改革には時間がかかるという。教育改革につれて教員の意識改革が求められることになるが、それぞれにどのように対応するかが問題である」と指摘する。

英語教員が慣れ親しんだ旧カリキュラムへと安易に逆行することのないように、また、将来の新・新カリキュラムの開発に向けて資料として利用できるよう、旧カリキュラムの問題点を明らかにする必要がある。

4.1.2　調査(1)　九州大学全学英語教育を対象としたオンラインシラバス分析

2002年前期に開講された九州大学の全学教育言語文化科目Ⅰ英語376クラスを対象に、そのオンラインシラバス分析を実施した（調査(1)）。この調査の目的はカリキュラム改革に資するため、九州大学の全学教育における英語科目の既存のプログラムについて、そのオンラインシラバス分析を中心にして、同科目の抱える問題を考察し、英語学習者を中心にしたさらに理想的な英語学習の環境づくりを提言することにある。

オンラインで公開されているシラバスは、大学入試とならび、大学がその教育内容を社会に向かって発信する重要なメッセージの１つとなっている。インターネット上で公開されているオンラインシラバスは、受講学生にとって学習上の指針になるだけでなく、学内外の者にとっても大学が実際に提供している教育内容を知る手がかりともなっている。九州大学の入試は毎年、出題内容が新聞各紙に掲載されており、大学受験予備校が中心になって詳細に分析している。それに対し、オンラインシラバスについては学生による授業評価で問う項目があるものの、教員相互によるオンラインシラバスの分析・評価は、調査時の2002年度には実施されていなかった。

大学教育の英語プログラムを分析するのに、シラバス分析という調査分析方法を選択した理由は、第一に、一斉に開講されている376のクラスすべての授業を実際に見学するのは物理的に不可能であること、第二に、授業観察やビデオでの授業の撮影は日本の大学の現場では、まだなじみが薄く、特に

第4章　調査の概要

その大学に所属していない非常勤教員への依存率が高い大学語学教育の現場では、すべての教員に対して授業観察への協力を得るのは困難であるという背景があった。

　調査(1)の分析を実施していた2003年度には、「TOEICテストによる入学時における九州大学の学生の英語能力評価」が実施され、「財団法人九州大学後援会助成事業報告書」として文書にまとめられており、学生の入学時の英語のレベルの格差が指摘された。2003年5月26日、27日、28日の3日間に九州大学の学生（法学部、21世紀プログラム、工学部、農学部197人、なお、報告書には所属の内訳は明かされていない）がTOEIC IPテストを受験した。得点分布は以下の通り（表4-3）であった。

表4-3　TOEICの得点分布

100〜	200〜	300〜	400〜	500〜	600〜	700〜
1人	10人	43人	74人	54人	13人	2人

「財団法人九州大学後援会助成事業報告書」（德見，2003）

　TOEICは、日本の企業人の英語力を見る試験として認知度が高くなり、新聞、雑誌などで取り上げられることが多くなっている。たとえば、2003年6月24日付「日経産業新聞」は、「国内受験者は2002年度に132万人を超えた」と報じ、TOEICの点数と英語能力レベルを載せている。

表4-4　TOEICの点数と英語能力レベル

受験者カテゴリ	スコア
TOEIC団体受験（IP）の平均点	443点
大卒新入社員の平均点（2002年度）	466点
企業が期待するTOEICスコア（新入社員）	400点〜550点
技術部門	550点〜750点
営業部門	600点〜750点
海外部門海外駐在員	650点〜800点
九州大学1年生（2003年5月）	458.4点

（2003年6月24日付の日経産業新聞の記事と「財団法人九州大学後援会助成事業報告書」をもとに筆者が表を作成）

なお、「財団法人九州大学後援会助成事業報告書」(徳見, 2003) は試験結果を以下のように分析している。

(1)結果は最高得点が720点、最低得点が175点、平均点が458.4点であり、470点で「通常会話で最低限のコミュニケーションができる」とされているので、九州大学の学生の英語力の平均値はその点数に若干足りない。730点で「日常生活のニーズを充足し、限定された範囲内では業務上のコミュニケーションができる」とされているが、最高得点者がこの点数に若干足りない。
(2)リスニングとリーディングに関しては、リスニングの平均点は247.2点、リーディングの平均点は211.2点で、リスニングの点数がよかった。リーディングは問題の分量が多く、日本語を介さず英語を英語で考える能力がなければ、最後まで回答できない。大学入試の問題は精読が多いが、今後は、英文速読の授業形態を増やす必要がある。

同「報告書」は将来の九州大学の英語授業について、「最高点が710点、最低点が175点という学生が同じ教室で学習することはかなり困難であると思われる。言語文化研究院では、このような客観テストの結果を利用して、能力別クラスを作ることにもっと積極的になる必要がある」ことと、「英文速読（多量の英文を読み、それを英語で要約する）の授業をさらに増やす必要がある。精読と速読のバランスを取ることが肝要である」ことの2点を指摘している。

2003年度の時点で、すでに九州大学では入学者選抜として従来からある一般選抜だけでなく、アドミッションオフィス方式[10]（以下 AO 入試）による選抜、推薦入学、帰国子女のための特別選抜、外国人留学生のための特別選抜など、対象や選抜方法が異なった多様な選抜が用意されていた。また、学部途中からの編入学の制度もあるほか、日本にある外国籍の学校からの入学

10　総合評価方式。九州大学では 2000 年から導入されている。

も受け入れが進んでいるため、社会人学生、外国在住・滞在経験のある学生、英語重点校（スーパー・イングリッシュ・ランゲージハイスクール[11]、以下、SELHi）卒業生の学生の増加により、学生間で入学時点から英語のスキル・レベルの多様化がさらに進むことが予測できた。今後は、新入生を「中学、高校で6年間、日本人教員から文法訳読法により日本語で英語を習い、ほとんど日常生活で英語に触れることもなければ、海外渡航経験がない、同じ年齢集団のグループ」と一般化して集団で扱うことは難しくなることが予想される。

　この調査(1)と報告書の分析結果から、学生の多様化について調査をする一方で、現在、九州大学の卒業生が社会でどのような場面で英語を使用しているかについて、TOEICのスコアという数値的なものだけでなく、スキル別に英語で伝達する状況やその対象がどういったものか、調査実施が必要であるとの結論に達した。

4.1.3　調査(2)　九州地区3大学の必修英語を再履修する学生を対象とした、質問紙による調査

　調査(2)で明らかにしたい点は、「現在、大学の必修英語で問題を抱えている学生が、現在の大学英語プログラム・授業のあり方と自己の履修態度の問題点についてどのように認識しているか」である。

　この調査(1)の分析結果から、大学低学年時（1、2年生）の英語プログラムの問題点として、「大学生の多様なニーズ・レベルへの配慮不足」（接続性への配慮不足）と「学生の成績評価方法の統一の難しさ」が明らかになった。

---

[11]　スーパー・イングリッシュ・ランゲージ・ハイスクールの趣旨は、「英語教育の先進事例となるような学校づくりを推進するため、英語教育を重点的に行う高等学校等を指定し、英語教育を重視したカリキュラムの開発、大学や中学校等との効果的な連携方策等についての実践研究を実施する。　また、各指定校の研究目的・手法・成果の普及等のため、公開フォーラムの開催やホームページによる情報提供等を行う。」（「平成17年度スーパー・イングリッシュ・ランゲージ・ハイスクール（SELHi）の決定について」文部科学省ホームページ , http://www.mext.go.jp/b_menu/houdou/17/04/05040502.htm, 2008年1月1日閲覧）

この2つの問題の影響を受けやすいと考えられる再履修学生を対象に、学生に関する意識調査（調査(2)）を分析した。この結果をふまえ、大学の必修英語を履修する上で英語学習で困難を生じている可能性が大きい、九州大学の再履修者向けクラスを含む九州地区の3大学で、必修の英語を再履修している学生を対象にして質問票による調査（調査(2)）を実施した。

3つの調査のうち調査(2)のみ、九州大学だけでなく九州の私立大学2校を調査研究対象に含めた。上記3大学を選んだのは、単位未修得の学生に対して特別な救済措置をするという制度が従来の日本の大学ではまだ確立されていないため、調査対象大学として再履修クラスのクラス分けの性質が違うためである。すなわち、特別クラス編成・学部学年混合型（九州大学）、特別クラス編成・学部固定型（私立総合大学Ａ、文系クラス）、通常クラス編入型（私立単科（理系）大学Ｂ）である。なお、再履修生向けに特別クラス編成をしている九州大学と私立総合大学は、いずれも授業内容、到達目標について教員に一任されており、クラス間で統一が見られなかった。また、通常クラス編入型の私立単科大学Ｂについても、再履修学生だけを対象にした到達目標は特に定められていなかった。

4.1.4　調査(3)　英語を業務で使用する九州大学卒業生を対象とした大学卒業後の個人面接による意識調査

調査(3)で明らかにしたい点は、「英語を仕事で使う大学卒業生に求められる英語のスキル、ニーズの現状はどうなっているか」「英語を仕事で使う大学卒業生は、自身が受けた大学英語プログラムをどう評価しているか。また、仕事での語学ニーズを満足させるには、大学英語教育で必要なものは何だと考えているか」である。よって、質問項目を(1)卒業後の英語使用ニーズと、(2)大学英語教育のプログラム評価の2つに分けて、質問項目を選択した。

調査(1)では、英語学習の「継続性」（専門課程進学後、大学卒業後）に対する視点の欠如が明らかになり、ニーズ分析[12]の必要性が指摘された。

12　ニーズ分析の定義と研究は7.1を参照。

第 4 章　調査の概要

Richards（2000）はカリキュラムの刷新時には、「学習者の視点」「学究的な視点」「雇用者の視点」「教師の視点」という問題に対する異なる視点が明らかになると述べているが、日本の大学英語教育の現況では、ニーズ分析に基づくカリキュラム開発をしている例は少ないため、学習者の視点は軽視されがちであった。

　大学英語教育の継続性について情報収集するため、本調査において業務で英語を使用している九州大学卒業者を対象とした個人面接（調査(3)）を実施し、ニーズ分析を行うとともに、学生時代に九州大学で受けた英語プログラムをどのように評価するかを調べた。すなわち、(1)面接対象者自身が受講した大学時代（当時）の英語の授業に対する評価（「遡及評価」）、(2)現在の大学英語教育・英語教員・学生の英語学習に対する意見や提言（「提言」）の 2 点から個人面接の回答を分析・考察した。

　なお、個々の調査方法について、以下の項目については、第 5 章、第 6 章、第 7 章、第 8 章に詳述する。
　調査(1)
　　シラバスの定義（第 5 章5.1）
　　分析対象（第 5 章5.3）
　調査(2)
　　調査の方法（第 6 章6.1）
　　調査の時期・手順（第 6 章6.1.1）
　　面接対象大学・クラス（第 6 章6.1.2）
　調査(3)
　　調査方法選択の理由（第 7 章7.2.1）
　　ニーズ分析の定義と研究（第 7 章7.1）
　　調査の方法（第 7 章7.2）
　　調査方法選択の理由（第 7 章7.2.1）
　　面接対象者選定上の条件（第 7 章7.2.2）
　　面接の手順（第 7 章7.2.3）

面接対象者のプロフィール（第7章7.2.4）
語学プログラム評価の定義（第8章8.1）
面接調査の方法（第8章8.2）

4.2　主たる研究対象大学、九州大学の特徴

4.2.1　九州大学の歴史的、地理的背景

　九州大学は、福岡県内の六本松地区、箱崎・病院地区、伊都地区の3つのキャンパスを擁する、学部学生約11,822人，大学院学生約6,800人が籍を置き、10学部を擁する国立の総合大学である。（九州大学概要資料編, 平成19年度, http://www.kyushu-u.ac.jp/university/data/gaiyou19jpn/index.php, 2007年10月10日閲覧）

　福岡県の特色は、県内に北九州工業地帯を抱えており、九州大学をはじめとした理学部、工学部を擁する総合大学だけでなく、九州工業大学、久留米工業大学、福岡工業大学などの工業系の単科大学、有明、北九州、久留米の3つの国立高等専門学校など、理工系の高等教育機関の数が多い。また、福岡市は、韓国との窓口である博多港、アジアを中心に多くの国際路線を有する福岡空港など、アジア向けの交通基盤が充実しており、特にアジアとの交流に力を入れる政令都市である。福岡市では1987年に「基本構想」を制定し、「海」と「アジア」をコンセプトに今後のまちづくりを進めている。1989年の「アジア太平洋博覧会」開催に始まり、翌1990年より毎年9月に、福岡アジア文化賞受賞式、アジアフォーカス福岡映画祭、展示会などを行うアジアマンス、1999年の「福岡アジア美術館」の開館など、アジア諸国・地域と数々の国際交流を行っている。

　歴史的背景については、九州大学は、九州大学公式ウェブサイト2003年版（URL:http://www.kyushu-.ac.jp, 2003年12月10日閲覧）で、その沿革を以下のように、公開している。

　九州大学は、東京、京都帝国大学に続く第3の九州帝国大学を設立する

第 4 章　調査の概要

という建議に基づいて福岡医科大学が設立されたのに続いて、1911年に福岡県福岡市に設立された九州帝国大学工科大学・医科大学に始まる。創設以来90年以上の歴史を通して、西日本における基幹大学としての役割を果たしてきた。その間、我が国の内外並びに地域のさまざまな分野において指導的に活躍する人材を輩出するとともに、多くの学問分野をリードする優れた研究業績を挙げてきた。なかでも、近隣アジア地域との関係は深く、留学生教育や研究交流において高い実績を示している。—中略—1949年新制九州大学となった。伝統的な学問領域に対応している文学、教育学、法学、経済学、理学、医学、歯学、薬学、工学、農学の10学部は、いずれもが古来より大陸文化との交流拠点として培われた博多の地の開放的な進取の気風にのっとって拡充・改組を続けてきている。昭和28年に新制度による大学院が発足し、現在では、教育組織と研究組織の分離がはかられ、教育組織として人文科学府、比較社会文化学府、人間環境学府、法学府、経済学府、理学府、数理学府、医学系学府、歯学府、薬学府、工学府、システム情報科学府、総合理工学府及び生物資源環境学府の計14の大学院学府を有するに至っている。

4.2.2　九州大学およびその学生の特徴

英語教育の「接続性」「継続性」「国際性」という観点で、大学英語教育のニーズ分析とプログラム評価を実施する上で、研究対象大学である九州大学について、「アジア諸国・地域とのかかわり」「理系の学生数の多さ」「学生の卒業後の進路」は、特に注目すべき特徴である。

(1) アジア諸国とのかかわりの深さ

前述4.2.1の「九州大学の歴史的、地理的背景」だけでなく、「九州大学憲章」や「総長室」などに記載された文章「九州大学に在籍する留学生」「大学間の国際交流協定」などのデータなどからも、九州大学がアジアとのかかわりを志向する大学であることが分かる。

九州大学はその教育の基本として、2000年に7カ条からなる「九州大学教

育憲章」(http://www.kyushu-u.ac.jp/university/charter/education-j.php、2007年12月25日閲覧)を制定している。

「九州大学教育憲章」の項目は以下のとおりである。

第1条(趣旨) 第2条(教育の目的) 第3条(人間性の原則) 第4条(社会性の原則) 第5条(国際性の原則) 第6条(専門性の原則) 第7条(一体性の原則及び職責の遂行等)

この「教育憲章」の中で特に注目すべきは、第2条、第5条で、「アジアとの関係」を強調している点である。

第2条(教育の目的)
　九州大学の教育は、日本の様々な分野において指導的な役割を果たし、アジアをはじめ広く全世界で活躍する人材を輩出し、日本及び世界の発展に貢献することを目的とする。
第5条(国際性の原則)
　九州大学の教育は、秀でた国際性を有する人材を育成し、上記の目的を達成するために、次のことを指向することとする。
(a)<u>アジアをはじめ</u>全世界の人々の文化的、社会的、経済的発展に寄与すること。
(b)種族的、国民的及び宗教的集団の間の理解、寛容及び友好を促進すること。
(c)世界の平和に貢献し、将来の世代を戦争の惨害から守ること。
(d)国際連合憲章の謳う原則を尊重すること。(下線は筆者による)

また、総長室掲載の挨拶文でも、そのアジアへの志向性は顕著である(http://www.kyushu-u.ac.jp/university/president-room/index.php、2007年12月25日閲覧)。

第 4 章　調査の概要

　九州大学へようこそ。
　九州大学は今、我が国の基幹大学として培ってきた約百年にわたる歴史と伝統を礎に、社会に開かれた、絶えず変革するが故に常に新しい、世界最高レベルの教育研究拠点への歩みを加速させています。
「教育」、「研究」、「社会貢献」、「国際貢献」を主要な活動分野と定めて力を集中させ、「実績に基づく新科学領域への展開」と「歴史的・地理的な必然が導く<u>アジア指向</u>」を基本的方向性として将来を見据えています。
　（中略）
　<u>アジア</u>で最も魅力ある都市「福岡」にある九州大学は、<u>アジア</u>、そして世界の国々と人的・学術的交流の歴史を積み重ねてきました。「<u>アジア学長会議</u>」や「大学サミット in 九州」の提唱、高樹のぶ子特任教授による SIA（Soaked in <u>Asia</u>）プロジェクト、世界の一流大学との交換留学制度など、充実した教育と研究を背景に、九州大学は活発な国際交流活動を展開しています。
　（後略）

九州大学総長　梶山千里
（下線は筆者による）

　九州大学に在籍する留学生については、2006年5月1日の時点で、九州大学には73カ国・地域から1,297人の留学生が在籍しており、アジア地域の留学生が977人で85.6％にのぼる。(九州大学国際交流部、留学生課 http://www.isc.kyushu-u.ac.jp/intlweb/data/index.htm、2006年5月30日閲覧)
　第1位を占めるのは中国からの留学生で501人、第2位は韓国の205人、第3位はインドネシアの50人、その後も20名を越える留学生を送り出しているのは、ベトナム（39人）、バングラデシュ（31人）、ミャンマー（23人）、タイ（21人）、とアジアからの留学生が続く。イギリスの植民地化にあった歴史を持つバングラデュを除き、これらの国々では、日本と同じく、英語を第二言語ではなく外国語としての教育が行われている。英語母国語圏のうち、北米

59

はアメリカ合衆国19人、カナダから7人、欧州はイギリスから7人、豪州はオーストラリア3人、ニュージーランド2人の留学生が九州大学に在籍している。

⑵理系の学生数の多さ
　総合大学である九州大学には理系の学生の人数が多い。高度経済成長期の社会のニーズや、4.2.1の「九州大学の歴史的、地理的背景」で述べたように、前身が九州帝国大学工科大学・医科大学であったことも一因であろう。
　平成19年度九州大学概要資料編、「学生定員及び在籍学生数」（http://www.kyushu-u.ac.jp/university/data/gaiyou19jpn/index.php、2007年6月25日閲覧）によれば、平成19年度に在籍した学部学生11,822人のうち、理系（理学部、医学部、歯学部、薬学部、工学部、芸術工学部、農学部）の学部生の数の合計は、8,862人で全体の75.0％となっている。在籍人数の多い順に、工学部の3655人、理学部の1,305人、医学部の1,278人である。

⑶学生の卒業後の進路
・公式ウェブサイトから見る学生の卒業後の進路傾向
　卒業生の進学者数・産業別就職状況学部・卒業者の進路（平成18年度）（表4-5、表4-6）(http://www.kyushu-u.ac.jp/student/work/H18sinrogaiyou.php、2007年12月25日閲覧）によれば、平成18年度卒業生2,640人のうち、過半数の52.0％にあたる1,374人が九州大学を含む各大学院へ進学している。しかしながら、学部によって大学への進学傾向、就職傾向はかなり異なる。総じて、（学部の修業年限6年の医学部・歯学部を除き）理系は大学院の進学傾向が高い。学部生が大学院進学する割合の高い学部は順に、工学部の81.3％（818人中665人）、理学部78.1％（270人中211人）、農学部73.4％（229人中168人）、薬学部の67.1％（85人中57人）、となっている。それに比べて文系学部は総じて進学率は低く、一番進学率の高い教育学部で50.0％（52人中26人）となっている。
　全学的にみて学部卒業で就職した者のうち、民間企業に就職した者は764

表4-5 卒業生の進学者数・産業別就職状況　学部・卒業者の進路（平成18年度）
(http://www.kyushu-u.ac.jp/student/work/H18sinrogaiyou.php,
2007年12月25日閲覧）

学部	卒業者数	進学者数	就職者数 企業等	教員	公務員	その他	計	研修医	その他	合計
文学部	150	28	76	5	9	0	90	-	32	150
教育学部	52	26	11	0	5	0	16	-	10	52
法学部	249	67	109	0	27	0	136	-	46	249
経済学部	253	13	180	0	15	0	195	-	45	253
理学部	270	211	25	11	1	0	37	-	22	270
医学部医学科	102	0	-	-	-	-	-	91	11	102
医学部保健学科	145	20	114	0	0	0	114	-	11	145
歯学部	57	0	-	-	-	-	-	50	7	57
薬学部	85	57	11	0	1	0	12	-	16	85
工学部	818	665	108	1	15	0	124	-	29	818
芸術工学部	215	111	84	0	0	0	84	-	20	215
農学部	229	168	41	0	11	2	54	-	7	229
21世紀プログラム	15	8	5	0	1	0	6	-	1	15
計	2,640	1,374	764	17	85	2	868	141	257	2,640

人（就職者に締める割合が88.0％）、公務員85人（同9.8％）、教員17人（同2.0％）、その他2人（0.2％）となっており、民間企業への就職が全就職者のうち8割を超えている。また、九州大学の大学院においては、修士課程・博士前期課程（＝修士）修了者は、博士課程後期へと進んで研究生活を続ける者よりも就職する者の方が多い。平成18年度は九州大学の博士課程前期修了者1,929人のうち、1,390人（博士前期課程修了者の72.1％）が就職、うち、1,281人（博士前期課程修了者の66.4％）が民間の企業に就職している。なお、九州大学の学部を卒業した後、国内外の他大学の大学院に進んだ者の進学・就職状況については、公式ウェブサイトでは公開されていない。

このように文系学生は大学院進学志向より就職志向であり、理系学生には

表4-6 卒業生の進学者数・産業別就職状況 修士課程・博士前期課程修了者の進路（平成18年度）
(http://www.kyushu-u.ac.jp/student/work/H18sinrogaiyou.php, 2007年12月25日閲覧)

学　府	修了者数	進学者数	就職者数 企業等	教員	公務員	その他	計	その他	合計
人文科学府	30	13	6	1	2	0	9	8	30
比較社会文化学府	41	18	14	1	2	0	17	6	41
人間環境学府	151	22	83	7	14	3	107	22	151
法学府，法務学府	136	13	9	0	6	0	15	108	136
経済学府	72	5	47	1	7	0	55	12	72
理学府	154	58	88	1	0	0	89	7	154
数理学府	58	13	30	9	1	0	40	5	58
システム生命科学府	48	14	31	1	1	0	33	1	48
医学系学府	32	5	20	0	1	1	22	5	32
薬学府	74	18	46	0	0	0	46	10	74
工学府	395	49	331	0	10	0	341	5	395
芸術工学府	122	15	87	1	3	0	91	16	122
システム情報科学府	151	16	132	0	0	0	132	3	151
総合理工学府	217	15	193	0	6	0	199	3	217
生物資源環境科学府	247	36	164	1	29	0	194	17	247
計	1,928	310	1,281	23	82	4	1,390	228	1,928

※修了者には専門職学位課程修了者を含む

修士課程・博士前期課程に進学するものが多いものの、博士前期課程修了後は企業人になる学生の割合が多いことは、大学英語教育のカリキュラム開発や、卒業後ニーズの分析をするうえで考慮すべき重要な点である。

4.3 まとめ

この章では、調査計画の概要と研究対象である九州大学3つの特徴(1)アジア志向であること、(2)理工系の学生数の多さ、(3)学部卒業後の進路傾向を述べた。文系は就職志向、理系は大学院進学傾向が強いが修士終了後は就職が多い。これらは、語学プログラムを分析する上で考慮すべき重要な要素である。

第5章
全学教育英語のオンラインシラバス分析

5.0　はじめに

　この章では、まず、シラバスという用語を定義し、九州大学内でのオンラインシラバスの扱いとその分析の意義を述べる。次に、分析対象であるオンラインシラバスの概略と、分析を実施する上で制約となった事項を列挙し、その分析結果を述べる。最後に、その分析結果からプログラムに対する評価と提言を述べる。

5.1　シラバスの定義

　シラバスには様々な定義があり、シラバスデザインとカリキュラム開発の区別についてもまた多様な意見があるが、本研究ではシラバスについて、以下の定義を用いることとする。

> Syllabus　（シラバス）
> 特定の教育課程の教育内容、学習項目の選択・配列を具体的に示した授業計画。より総合的に教育の目的や学習内容・方法・評価についての方針を示したものはカリキュラム（curriculum）と呼ぶ。文法、機能、話題、タスクなどのいずれかを柱としてシラバスを構成するのが一般的である。
> 『英語教育用語辞典』（白畑他, 1999, p.297）

　シラバスの一般的な特徴として、Ur（1996）は、以下の7つの項目を挙げ

ている。

(1) 内容項目（単語、文法、トピック）、プロセス項目（タスク、メソッド）の総合一覧から構成されている。
(2) 順序だてられている。（簡単な項目、より基本的な項目が先にくる）。
(3) 明示的な目的・目標（Explicit Objective）がある。（通常、冒頭で示される）。
(4) 公式の文書である。
(5) タイム・スケジュールを示す場合がある。
(6) 好ましい方法論やアプローチを示す場合がある。
(7) 教材を推薦する場合がある。

Brown (1995, p.5) は、「教師はどんなアプローチを採用しようとも、計画を立て、組織化し、何を第一に、第二に、第三に指導するのか、決定しなければならない。シラバスは、その組織化する手段である」とし、大佐古、白川（2003, p.168）は、「作成の意図は、学生の履修科目選択のための情報提供と教室外での準備学習の指針となることであり、この意味から、シラバスは授業についての契約書であり指導書でもあるといわれている。（下線筆者）」としている。

5.2 学内でのオンラインシラバスの扱い・シラバス分析の意義

『平成15年度全学教育科目担当教員要項（九州大学全学教育機構）』には、1. 全学教育授業担当者へのお願い（p.1）として、「本学は授業改善の方策の１つとして、学生に授業に臨むにあたって、授業進行の流れを把握させ、必要な準備を行わせることを重視して、授業計画（シラバス）を前もって学生に提示する」「全学教育のシラバスシステムは授業の進行に合わせていつでも訂正入力ができる」と記載している。また、シラバス・データベースへの入力として、具体的に九州大学におけるシラバスを定義して、「授業担当教

員がその担当クラスごとに授業の具体的な内容、授業進行の予定、成績評価の方針、その他必要な事項を履修学生に示すために作成するものがシラバス」「シラバスの作成の目的は、それを学生に事前に知らせることによって、授業や試験に臨むにあたっての準備や事前学習などを行わせ、効果的に学習を進めさせること」「各担当教員が相互に閲覧することによって、授業改善に役立てることも期待される」と詳述している。

九州大学の公式ホームページ上に公開されているオンラインシラバスには、教員の所属情報、対象学年、開講曜日などのクラス情報の他に以下の入力項目がある。

「授業の目的」「授業の概要」「授業計画」「授業の進め方」「教科書及び参考書」「試験・成績評価等」「ホームページ」「その他」

九州大学の全学教育科目では、個々の教員が、その経験年数や専任であるか非常勤であるか、また、日本人教員・外国人教員の別なく、シラバスのデザイン、教科書および参考書、試験・評価方法を各自で決め、九州大学の公式ホームページ上で時間割と共に一般に公開していた。大学によっては、英語の授業を固定したシラバス・教材に従ってすべてのクラスを統一したシラバスで授業を進めているところもあるが、各教員が自分以外の者がデザインしたシラバスの「消費者」になることなく、基本的には、自由にコースをデザインできるのが九州大学の必修英語の特徴だった[13]。

現在、1997年度分以降の全学教育全科目のオンラインシラバスは、九州大学の公式ホームページ上で一般に公開されており、特にアクセス制限を設けていないため、九州大学関係者以外の者も自由に閲覧できる。2007年現在、

---

13 新カリキュラムでは、シラバス入力の際に、評価方法や授業の進め方についてガイドラインを担当教員に配布している科目もある。英語の新カリキュラムでは、大幅な画一化が行われているので、英語I、IIA、IIIA、IIB、IIIBについては教材は1種類。授業方法・評価方法などもかなり規定されている。それ以前から、Passage to Englishは旧カリキュラム時の「英米言語文化演習I」において共通教科書として導入されている。

第5章　全学教育英語のオンラインシラバス分析

オンライン、CD-ROM、冊子などでシラバスを公開する大学が増えているが、調査時の2003年12月末には、オンラインシラバスをウェブサイトで一般向けに公開をしている日本国内の大学はまだ少数派で、九州内では他に筆者が知る限りでは、立命館アジア太平洋大学のみであった。よって、このオンラインシラバスは学生や教員へのより良い教育環境を提供する手段であるだけでなく、学内の教育情報の一般公開という点で、当時は先進的な試みであったといえる。なお、九州大学の教員相互によるオンラインシラバスの評価は、本研究調査時の2003年度には公式には実施されていなかった。

水光（2006）は、「英語のカリキュラム開発についての考え方」という講演（2005年12月10日）の中で「これまでの京大の状況」として、シラバス（授業概要）の学生に与える影響を挙げ、一般的なシラバスの例を挙げ、その原因を統一したカリキュラムのなさであると指摘している。

　　京大では，英語は1回生用の英語Ⅰと，2回生以上用の英語Ⅱに分かれています。英語Ⅰでは、どの学部のどの学生が何曜日，何時限の，どの先生のクラスに入るかが，あらかじめ指定されており，学生が選択する余地はありません。これに対して，2回生以上になると、各教員が書いた授業概要を見て，どの英語Ⅱのクラスで履修するかを決めます。すると、授業概要の良し悪しが、学生の選択やヤル気に大きな影響をもたらすことになります。そこで，授業概要がどのように書かれているかを覗いてみましょう。以下の授業概要は，実例ではありません。実例を基に、個人が特定できないように書き換えたものです。（　—　架空のシラバスの紹介と批評、略　　）

　問題は、なぜこういう授業概要になるのか、なぜこういう授業概要が多いのかです。ここでも、原因は、京大の英語教育では何を目指すのかが十分に明解にされてこず，何をするかはすべて担当者任せであったことにあると思われます。換言すると、カリキュラムというものがないに等しい状況であったことが原因です。ないに等しい状況であったために、非常勤講師を含め担当教員に京大の英語教育はかくかくしかじかのもの

ですと周知させることがなく、また、新規に非常勤講師を探す際も、授業では，なんでもいいですからお好きなようになさってくださいと申し上げる傾向が生じたのです。さらに、好ましくない授業概要があっても、カリキュラムではこうなっていますので、かくかくしかじかのことを考慮してくださいとお頼みすることもできなかったのです。このことを教育体制という観点から見ますと、いちばんの原因は、カリキュラム企画管理者が不在であったことにあると思われます。
（水 光, 2006, http://www.z.k.kyoto-u.ac.jp/pdf/link/link0238.pdf 2008 年 1 月 1 日閲覧）

統一した科目の目標や組織的なアプローチのなかった九州大学の旧カリキュラム下では、九州大学の全学教育の英語科目も似たような問題を抱えていたことが推察される。この章では、九州大学の言語文化科目Ⅰの英語のプログラムの中で、個々の教員がどのようにシラバスを作成していたかを分析し、各教員が自由にデザインしたシラバスに見られる傾向について考察する。なお、2003年の調査以降、シラバスをオンラインで閲覧できるようにする大学が増えており、日本の大学では、今後はオンラインシラバスが主流になると考えられる。それにより、大量なシラバスをデータとして分析できるため、シラバスを教育研究の対象にする調査の実施が容易になる。シラバスを調査対象とした近年の研究には、東京周辺の8都県の私立大学の2004年度の1年次の英語の講義要綱（シラバス）とテキストリストを対象にした「ビジネス系大学の英語教育の現状」（寺内, 2005）や、九州地区各大学の ESP シラバス（平成 15 年 4 月現在）をもとにした「ESP 教授法に基づく大学専門英語教育のための効果的シラバスと教材開発の研究」(横山他, 2005) がある。

5.3 分析対象

今回の調査対象は2002年度前期、後期の全学教育の言語文化科目Ⅰの英語科目（箱崎キャンパスで開講されている「技術英語」をのぞく）前期198ク

ラス、後期178クラス総クラス数376とした。なお、1997年〜2001年のシラバスについては、各教員が入力に慣れていなかったためか、未入力項目が多いものが目立っているが、現在ではシラバスの入力システムが変更され、シラバス入力の強制力が増している[14]。なお、調査時の2002年度以降、九州大学の全学教育ではカリキュラムの見直しが図られており、考察で指摘した事項のうち、すでに改変されている事項、今後の改変が予定されている事項もある。

5.4 分析上の制約

今回、実施したオンラインシラバスの分析にあたっては、以下に挙げる制約があったため、本研究では、コース目的・目標とシラバスの整合性、各シラバスの分類、前学期までのシラバスとの比較は扱わないこととする。

⑴ コース（「言語文化科目Ⅰ（英語）」）共通目的、具体的目標の欠如

　Nunan は（1999, p.158）、目的（Goals）とは「教科案の背後にある広範で、全般的なねらい（purpose）」で、達成目標（Objectives）とは、「授業の結果として、学習者ができるようになることを言及した言明で、公式の目的（Formal Objective）には、行為（学習者が行うこと）、状況（どういった環境下で）、基準（どの程度、学習者が実行できるか）が必要である」としている。また、語学プログラムの開発における重要なステップは学習目標の認定であり、プログラムの一貫性を保つためには、目的（Goal）、達成目標（Objective）、学習活動（Task）のリンクが必要であるとも主張している。Dubin and Olshtain（1986）は、具体的な方針がなければ、誤解と無駄な労力を生じ、たとえば、コースの達成目標（Course Objective）の作成において、教師や計画者が基本的な目標に合意していないならば、議論は期待はず

14　2007 年現在、九州大学ではオンラインシラバスの未入力教員は教務関係の委員会で公表されるなど、オンラインシラバスの入力に関するチェックシステムが機能している。

れに終わり、無益なものになるため、関係者すべてが同意するコースの目的（Course Goal）こそが重要であると述べている。

　学生に配布されている『履修の手引き』には英語の授業科目ごとに内容が記載されているが、全学科目の英語共通の教育目的（Goals）と達成目標（Objectives）については『履修の手引き』とオンラインシラバスのどちらにも全く記載がないため、コースや授業科目共通の「目標・目的」と各教員が個人でデザインした各シラバスの整合性については分析できなかった。また、調査時の2003年当時は各シラバスの内容をモニター・評価する総合的なシステムもなかった。このため、異なる科目（たとえば、大人数クラスの「総合英語演習」と少人数制の「選抜英語演習」で）であっても、同じ教員が全く同じ「授業計画」「授業の進め方」「教科書及び参考書」でシラバスをデザインしているケースも多数、存在していた。

⑵ 入力形式の不統一

　2002年時点では教員が各自、手作業でシラバスを打ち込んでおり、英語科独自の詳細なガイドラインやサンプルフォーマットがないため、入力形式は統一されていなかった[15]。また、九州大学の公式ホームページは日本語と、一部英語が併記になっているが、全学共通科目の英語科目のシラバスについては、日本語で入力している教員と、英語で入力している教員がいた。外国人教員の場合は全員が英語で入力をしていたが、日本人教員の場合は、247コマある日本人教員の担当授業のうち、英語での入力は20コマのみとごく少数であった。日本語を理解しない外国人教員の中には、日本人教員のシラバスをほとんど読んでない教員もいた可能性がある。

⑶ 入力が不完全である。

　1997年〜2001年のシラバスはまったく入力されてないまま公開されているものが多く、2002年のシラバスとの比較をすることはできなかった。なお、

15　現在はシラバスの記入例（日英）を教員向けに配布している。

第5章　全学教育英語のオンラインシラバス分析

2002年の全学科目の英語の授業については、全教員がシラバスの入力をしていた。しかし、各シラバスの内容の組織的なモニター・評価システムがなかったため、入力ミスや入力漏れの項目があるものも見られた。

また、授業の進度を学生に知らせるため、使用教材のページ数や章の番号のみを羅列した「テキストブックベース・シラバス」が多く見られた。この場合、実際に各教材を手にとって吟味してみないと、そのシラバスが「文法シラバス」「状況シラバス」「概念／機能シラバス」「タスクシラバス」などの、どのカテゴリーに入るのかを分析をすることは困難である。

統一教科書を採用している「英米言語文化演習Ⅰ」以外は、すべての教材の選択が個々の教員に任されていたため、400近い授業で使われている英語の教材すべてに目を通し、分類するには膨大な時間がかかること、また、実際にその教材を採用した教員自身の中には、教材がどういったアプローチでデザインされているのかを意識せずに選択している場合も考えられることから、今回のシラバス分析では、全シラバスをカテゴリー化するには至らなかった。

(4)教員がシラバスどおりに講義を進めていない、また、学生がシラバスを見ていない可能性もある。

オンラインシラバスどおりに講義を進めていないことに関しては、教員側にもやむを得ない事情がある。詳細なニーズ分析や英語能力の判断テスト、クラス分けテストもなく、学生のレベルを把握する前のクラス開講以前から、シラバスをオンライン上で発表しなければならないため、発表したシラバスどおりに講義を進めたくても学生のレベル・ニーズが予想と違い、実情に合わせて変更するに至ったというケースも多々あるものと予想される。

5.5　オンラインシラバス運営上の問題点

九州大学の全学教育におけるオンラインシラバスの公開は、大学教育の教育内容の説明責任（accountability）を果たすという意味で、意義ある試み

だと言えるが、「シラバスは学生と教員間の契約」という概念は元々、日本の大学では薄いため、詳細なシラバスを公開していても、そのとおりに授業を進めているものとは限らず、シラバスの重要性に対して、教員間や学生間でかなり認識の差があることが予想される。

シラバスをオンラインで公開する重要な利点の1つに、教員間での情報の共有化がある。オンラインシラバスの読者は履修中の学生や科目履修を検討している学生だけではない。同一科目を担当している教員や、同じクラスを別の曜日で担当している教員、前年度の授業内容を元にシラバスデザインをしたい教員、全学教育での英語教育の内容を知りたい専門担当の教員にとっては有益な情報となりえる。他の科目と違い、外国人教員を多く抱える九州大学の英語科については、日本語を理解しない外国人教員に対する配慮も必要である。

また、このオンラインシラバスが、編・入学を考えている高校生・大学生、教育機関の専門家や企業の採用担当者などの学外の厳しい目にさらされていることも意識すべきである。このことから、シラバス入力については「読者を意識して」できるだけ詳細に完全な形で公開されることが望ましい。

5.6 オンラインシラバス分析結果

このオンラインシラバス分析では、「より効果的な指導を提供するための工夫」という観点から、以下の項目について分析を試みる。
　(1)講師の配置（日本人・外国人の比率）（全クラスを対象に）
　(2)「総合英語演習」「英語特別演習」（EGP）の「指導技能」分析（EGPである2科目を外国人、日本人教員別に）
　(3)「総合英語演習」「英語特別演習」（EGP）の「取り扱いテーマ」分析（EGPである2科目を外国人、日本人教員別に）
　(4)使用教材（全クラス、外国人、日本人教員別に）
　(5)学生の成績評価（全クラスを対象に）
　(6)その他、各教員による講義の工夫（全クラスを対象に）

5.6.1 講師の配置(日本人・外国人の比率)

　日本の学校教育の英語教育は、日本人の講師が日本語をクラスルーム言語として使用し、文法教育と訳読を中心とする文法訳読法が中心であったとされる。竹下(2002, p.142)によれば、「日本の近代化には英語が不可欠であると考えた明治政府が1872年、5年制の旧制高校に英語学習を導入した。当初、英米人による授業が行われたが、日本人の英語教員が育つにつれて、日本人による英文和訳中心の英語教育が一般的になっていた」としている。しかしながら、1994年に高校英語にオーラル・コミュニケーション科目が導入され、日本の中学校や高校の英語の授業で ALT が授業の支援をしている。そのため、「大学の英会話の授業で初めて英語のネィティブスピーカーの英語に触れた」という学生は、ほとんどいないと考えられる。

　日本の多くの大学において、英語の授業では教員の日本語能力にかかわらず、シラバス作成から学生の評価にいたるまで、コース管理を個人の教員に一任されているのが実情である[16]。全学教育では、調査当時、約70人の教員が言語文化科目Ⅰの英語を担当しており、シラバス分析対象の2003年度においては、25人が外国人教員として授業を担当し、そのうち、5人が九州大学の常勤の教員であった。なお、科目別、日本人教員、外国人教員の担当割合は以下のとおりである(表5-1)。

　考察
・外国人教員・日本人教員のクラス担当傾向

　2002年度のシステムでは「文理共通」で開講されている「英語特別演習」を除けば、ほとんどのクラスが学科、専攻別のクラス固定制であるのにかかわらず、学生によっては、2年間で全く外国人教員のクラスを受講しない(または、逆に日本人教員のクラスを全く受講しない)場合もあった。また、1年生を対象とした「総合英語演習」や再履修生を対象とした「英語特別演

---

[16] ティーチングアシスタントの制度を採用している大学もあるが、外国人教員のための語学(日本語)サポートを目的としているものではない。

表 5-1　科目別、日本人教員、外国人教員の担当の割合

授業科目名	対象者、クラスサイズ	日本人担当クラス（％） 外国人担当クラス（％） （日本人／外国人／総クラス数）
インテンシブ英語演習 I	1年生対象 小人数クラス（20人程度）	日本人担当63.4% 外国人担当36.6% 64/37/101
インテンシブ英語演習 II	2年生対象 小人数クラス（20～25人程度）	日本人担当61.5% 外国人担当38.5% 総クラス数 40/25/65
英米言語文化演習 I	1年生対象 大人数クラス（70～110人程度）	日本人担当100% 全31クラス
英米言語文化演習 II	2年生対象 大人数クラス（60人程度）	日本人担当69.0% 外国人担当31.0% 総クラス数　40/18/58
総合英語演習	原則として1年生 大人数クラス（50人程度）	日本人担当57.8% 外国人担当42.2% 総クラス数　52/38/90
選抜英語演習	少人数クラス （10人程度）	日本人担当81.8% 外国人担当18.2% 総クラス数　9 / 2 /11
英語特別演習	2年生、3年生、4年生の再履修用クラス。70人程度	日本人担当43.8% 外国人担当56.3% 総クラス数　7 / 9 /16
英文読解演習 A	21世紀プログラム1年生 20人程度	日本人担当100%
英文読解演習 B	21世紀プログラム2年生 20人程度	日本人担当100%
英文作成演習 A	21世紀プログラム1年生 20人程度	日本人担当100%
英文作成演習 B	21世紀プログラム2年生 20人程度	日本人担当100%
総クラス		日本人担当43.8% 外国人担当56.3% 247/129/376

習」はいずれも大人数クラスであり、総合的な英語力を伸ばす（EGP）ことを目的にしていると思われる。どちらのクラスも、外国人教員が担当する割

合が他のクラスに比べて比較的多く、「総合英語演習」で42.2％、「英語特別演習」で56.3％となっている。「総合英語演習」の対象者である1年生は2年生に比べて、高校時代とは違った講義形式で進むことが多い大人数クラスに馴れていない。また、「英語特別演習」の対象者である再履修生は1度以上、英語の単位を落としているため、総じて履修学生のレベルは比較的低く、英語に対する苦手意識を持っていると思われる。このことから、授業を英語のみで行う場合が多い外国人教員がこういった大人数クラスを担当することが適当であるか否か検討が必要である[17]。

　50名以上の大人数クラスを外国人教員が担当するのであれば、日本語を授業で使用しないで大人数の講義形式の授業でも使用できる教材やメソッドを開発するなどの工夫や外国人教員向けの共通教科書の採用も、大学側で考慮にいれなければならない。日本語と英語の両方を解するティーチングアシスタントが外国人教員を支援することも可能ではあるが、ティーチングアシスタントが積極的に授業に介入しなければ授業が成立しないのであれば、外国人教員が授業を担当する必然性はない。

・外国人教員と日本人教員のそれぞれの利点
　外国人教員の授業を通して「英語を英語で考える」こともちろん必要であるが、「英語から日本語へ、日本語から英語へ」縦横に行き来できる高度な能力を四技能にわたって教授するのは、日本人教員の役目である。そういったことから、どのクラスに外国語教員を、または日本語教員を充てるのか検討し、それぞれの特性を活かした人員配置が望ましい。外国語学習においてその言語を母国語とする講師に習うか、また、非母国語話者の講師に習うかというのには大きな違いがある。民間の英会話学校では、「講師はすべ

17　英語科教員の話によると、過去には同一クラスについて日本人教員と外国人教員の当たり方をできるだけ均等にしていた時期もあったが、講師の出講希望（可能）日と科目の開講時間の制約によって時間割が組みにくいため、2002年度当時のシステムでは外国人講師と日本人講師のいずれが担当するか決定が難しくなったという。これは非常勤教員に依存することの多い大学の語学クラスに共通する問題と考えられる。

てネィティブ」を売り物にする学校が多いが、外国人教員が話す・書くなど自然な外国語に触れること (exposure) が重要であり、それによって英語をさらに勉強したいという欲求を促し学生の統合的動機づけ (integrative motivation)[18] が上がると考えられる。しかし、外国語教育においては、ノン・ネィティブスピーカーの教員の果たす役割も重要である。

　小林 (1997) は学習者と第一言語が同じであるノン・ネィティブスピーカーの英語教師だけが持つ特性・利点があるとして、以下の項目を挙げている。

(1)生徒が現実的に到達できる、英語学習のモデルになることができる。
(2)自分の英語学習経験を通じて、学習ストラテジーを教えることができる。
(3)自分が英語学習過程で抱いた、英語に関する疑問点や知識などを生徒と共有できる。
(4)生徒たちが難しいと思う箇所を予想でき、またなぜそう思うのか理解できる。
　英語学習に伴う苦痛など、精神面での大変さを生徒と一緒に感じあうことができる
(5)母国語を共有することで、生徒とのコミュニケーションが容易で、生徒の何気ないつぶやきから、不平や疑問などのフィードバックを察知することができる。

特に、高校英語から大学英語への「接続性」を考えれば、日本語を第一言語とし英語を外国語として習得している日本人の英語教員が、学生と同じ立場の外国語学習者としてロールモデル（ノン・ネィティブスピーカー教員の特性・利点の(1)）になり、学生が自立した"Good Learner"になるため、大学での英語学習を継続していく上での高度な学習ストラテジーを紹介する

18　Gardner and Lambert(1972) による動機付けの分類のひとつ。目標言語の社会の一員と見なされるようになりたいという融合・同化願望を統合的動機づけ(integrative motivation) と分類した。（金子, 2001, p.164）

(ノン・ネィティブスピーカー教員の特性・利点の(2))ことは非常に重要である。また、大学の専門課程進学後の継続的な英語学習の土台づくりをする上で必要な、より高度な文法項目や抽象的な語彙については、母国語を介して説明した方が理解しやすい場合もある。

九州大学は大多数の講義を日本語で行う日本の大学であるため、低学年次の教育である全学教育はその土台となる。卒業生を日本語が理解できる者として日本社会・国際社会で、日本語と外国語を使用して活躍する企業人や研究者へと育成することを目指すことが望まれる。英米の大学の留学生向け予科としての ESL コースや、日常英会話の習得を売り物にした民間の英会話学校の英語ネィティブスピーカー中心の授業形態をそのまま模倣しても、学生や社会が要求するニーズを満たすことはできないと考えられる。

専門課程に進学した後の学生には、英語の論文を日本語へ、またはその逆に、日本語の論文を英語へと、要約または翻訳する能力が求められる。また、読み書きだけでなく、日本語で思考した研究に基づく研究成果を海外で英語を使用して発表する学生もいる。英語で聞き取った情報を日本語に要約して書面で発表、それについて日本語で得られたフィードバックをもとに、英語で口頭発表をするというように、英語と日本語の両方で、リスニング・ライティング・リーディング・スピーキングと四技能を駆使して、発信・受信できる高度な言語処理能力を養成することを目指すべきである。進学・卒業後、具体的にどういったスキルが必要か、さらに全学部の専門教員や卒業生を対象にした詳細なニーズ分析を行い、それに基づいたカリキュラム開発が必要である。

5.0.2 「総合英語演習」「英語特別演習」(EGP) の「指導スキル」分析

「総合英語演習」「英語特別演習」は、高校英語の延長もしくは接続科目としての機能を果たす EGP と分類される。「英語の読む・書く・聴く・話すの四技能を総合的に訓練する」(『全学教育履修の手引き』(2000) より)「総合英語演習」と再履修用の「英語特別演習」は、今後、専門課程進学後のESP に向かって継続学習をするための重要な土台づくりをする科目である。

ここでは、各担当教員がオンラインシラバス上にどういった「スキル（読む・書く・聴く・話す）」を指導内容として入力したかを分析する。

(1)分析の方法

　「指導スキル」については、シラバス上の「授業の目的」「授業の概要」上の記載内容をもとに分析した。なお、授業の見学、質問紙調査、教材の内容分析は今回の調査では実施しておらず、あくまでも教員がオンラインシラバスで公表した内容のみの分析である。

　日常会話（Daily Conversation）、またはコミュニケーション能力（Communication Skills）の習得を「授業の目的」としてあげているのは主に外国人教員であり教材に英会話の教材を使っていることが多い。「コミュニケーション能力」には、もちろん、「読み・書き」の文書コミュニケーションも含まれるが、授業の一環として、「読み・書き」を導入することを明記していないかぎりは、実際には英会話の授業のみを行っていると予想されるため、Daily Conversation や Communication Skills を授業の目的の項目に入力している場合には、便宜上、リスニング＋スピーキングに分類した。なお、課題として、レポートなどの提出を義務づけていることをシラバスに明記している場合は、自宅で文書コミュニケーションの学習を義務づけているものと判断し、四技能統合型に分類した。

　日本人教員担当の授業のうち、オンラインシラバス上の項目が「翻訳」「（英文）和訳」「訳出」となっているものは英語をインプットするため、リーディングとした。「英訳」となっているものは英語をアウトプットするため、ライティングとした。

　なお、外国人教員で、「授業の目的」に、Translation（翻訳・通訳）を挙げているものは、この「総合英語演習」「英語特別演習」だけでなく、全シラバスを通して皆無であった。「和訳と英文読解の違い」と「（文法訳読法）の（英文）和訳と英日翻訳」の違いについては、以下の(2)「日本人教員の担当するリーディングにおける Translation について」で考察する。

(2) 日本人教員の担当するリーディングにおける Translation について
・和訳と英文読解の違い

今井（1997）は、表5-2のように、英語を日本語に訳す「翻訳」「英文和訳」は、実際には、「英語の意味が理解できること」（読解）とは違うものとし、読解ができるためには、「語彙」「文法・構文」「背景知識」が必要であると指摘している。九州大学においても、学生の外国語の学習歴が多様化しているため、たとえば、英語の意味がほぼ理解できているのに、日本語に訳すことに時間が取られている学生にとっては、和訳中心の授業形態であれば、英語の授業というよりも日本語の授業になってしまうということも十分、考えられる。

表5-2 読解と和訳について、学習者能力の違い

	読解	和訳	学習者能力
A	○	○	読解、和訳ともできる。
B	○	×	意味は理解できているのに、日本語に移しかえることができない。 （日本語が不得手、表現力が未熟な場合に起こることも多い）
C	×	○	主に背景知識がないために、文章の意味は理解できていないが、英語の文法、語彙の知識によって、機械的に日本語に移しかえることができる
D	×	×	読解、和訳ともできない。 （今井，1997の表を元に筆者が作成）

（今井，1997の表を元に筆者が作成）

なお、日本語では通訳（interpretation）と翻訳（translation）を明確に区別するが、英語では、以下のように、括して translation（異なる言語で言い換えること）と呼ぶこともある。

> the process of changing speech or writing from one language (the source language) into another (the target language), or the target language version that results from this process.

(Richards, Platt, J. & Platt, H., 1992, p.399)

・(文法訳読法による)(英文)和訳と英日翻訳の違い

　オンラインシラバスを見ると、日本人教員は英語から日本語に移す書面の作業について、「和訳」「翻訳」「訳出」など、さまざまな日本語の表現を用いている。日本の英語教育で従来、文法訳読法に基づいた英文和訳を行ってきた。これは、既習の文法事項や語彙を意図的に訳す方法である。

　この教授法の長所は、(1)知的に高度な内容の教材を扱うことができる、(2)母語への置き換えによって意味内容を明確に把握させることができる、(3)法構造を体系的に指導することができることである。批判されている点は、(1)母語に対する依存度が高いため、母語に注意が傾きすぎ、目標言語の運用能力が高められない、(2)書き言葉に重点が置かれるため、話し言葉の能力が高められないことである。(『英語教育用語辞典』1999, pp. 129-130)

　日本の高校の授業や大学入試では、主に、学習者の理解力を見るための文法訳読法による訳出が行われ、英語と日本語の両方が理解できる読み手を対象にして、英語と日本語を並べてみることを前提にして書かれる。そのため、日本語としてはかなり、ぎこちないものとなる。それに対して、研究者や社会人には、英語を理解しない読者や日本語で内容をつかんでおきたい読者のために、英語を日本語に翻訳・要約する技能が必要である。この場合、読者はソース言語である英語には目を通さないことが前提で、「読者に優しい」日本語が求められる。

　しかし、教養としての英文学であれ、企業内で使われるマニュアルであれ、海外の研究報告書の紹介であれ、文法訳読法による逐語訳では完成品として成り立つ翻訳とは言えない。さらに、日本語としての滑らかさを出すため、たとえば、主語は省略する、代名詞は省く、日本語としての語呂のよさを考えるなど、高度なテクニックを必要とする。いってみれば、「和文和訳」(中村, 2003)の作業が必要となる。つまり、英日翻訳の場合は、日本の学校英語の文法訳読法による訳出よりも、さらに日本語に注意を傾ける必要がある。学習者の文法・語彙の日本語による理解度を見るには「英文和訳」も有効で

あろうが、研究者、企業人として必要なのは後者の「英日翻訳」である。Translation も全学教育の英語の必修科目として学ぶべきリーディングの一部だとするのなら、「英日翻訳」と「英文和訳」の違いまで考慮した上でコースデザインが必要だと考える。外国語のプロ養成を目的とした大学の外国語学部では、「通訳演習」「翻訳演習」を語学プログラムのカリキュラムの一環として扱うコースもあるが、九州大学の全学教育の中で Translation を扱うべきかどうかは、専門進学以後の継続性を考えながら、詳細なニーズ分析に基づき検討していくべきである。そして、外国語から日本語へ、また、日本語から英語へという翻訳作業そのものの習得をリーディングとして認め、今後も、英語の必修科目に取り入れるか、それとも、翻訳技法として選択科目にするかを検討する必要がある。また、もし、導入するのであれば、日英翻訳の取り扱いは日本人教員が担当するか、外国人教員が担当するか、そのペアにするのかなども詳細な検討も不可欠である。

　大学のクラスで導入できる英語のリーディング活動とは、単に英文を日本文に変換して日本語で鑑賞するだけではない。大学で取得すべきアカデミックスキルとしてのリーディングには、スキミング、スキャニング、サマライジング、タイムドリーディングなど、多種多様である（ウォレス, 1991）。これは、専門課程や大学院を経て社会人となった時に、大量に英文を読まなければならない時に身につけておきたい技能であり、いわば学界でのサバイバルスキルの1つである。能動的な読解力を養成する授業を必修科目にし、専門的な翻訳技術の習得は少人数の選択科目として導入する方がより効果的である。

(3)指導技能の分析と考察

　授業見学や質問表による調査を行わず、シラバスのみの分析だったにもかかわらず、担当教員が日本人か外国人かによって、授業で指導する技能の数と種類は、かなり異なっていることが明らかになった。以下に「総合英語演習」と「英語特別演習」について、日本人教員と外国人教員毎に、シラバスに言及されたスキルを表5-3と5-4にまとめた。

表 5-3　総合英語演習指導技能一覧

技　　　能	件数（全体のクラス90に占める割合） 日本人教員クラス数 　（日本人担当52クラスに占める割合） 外国人担当クラス数 　（外国人担当38クラスに占める割合）
W（発表能力のみ）（文書コミュニケーションのみ）項目 a	4件（4.4%） 日本人教員4　（7.7%） 外国人教員0　（0%）
R（受容能力のみ）（文書コミュニケーションのみ）項目 b	15件（16.7%） 日本人教員15（28.8%） 外国人教員0　（0%）
L（受容能力のみ）（オーラル・コミュニケーションのみ）項目 c	2件（2.2%） 日本人教員2　（3.8%） 外国人教員0　（0%）
S（発表能力のみ）（オーラル・コミュニケーションのみ）項目 d	0件（0%） 日本人教員0　（0%） 外国人教員0　（0%）
L＋S（受容＋発表） （オーラル・コミュニケーションのみ） 項目 e	25件（27.8%） 日本人教員2　（3.8%） 外国人教員23（60.5%）
R＋L（受容のみ） （文書＋オーラル）項目 f	11件（12.2%） 日本人教員11（21.2%） 外国人教員0　（0%）
S＋W（発表のみ） （文書＋オーラル）項目 g	1件（1.1%） 日本人教員1　（1.9%） 外国人教員0　（0%）
S＋R（受容＋発表）（文書＋オーラル） 項目 h	0件（0%） 日本人教員0　（0%） 外国人教員0　（0%）
3技能統合型（L＋S＋R）（受容＋発表） （文書＋オーラル）＊W（発表、文書）への言及がない　項目 i	4件（4.4%） 日本人教員3　（5.8%） 外国人教員1　（2.6%）
3技能統合型（L＋W＋R）（受容＋発表）（文書＋オーラル）＊S（発表、オーラル）への言及がない　項目 j	2件（2.2%） 日本人教員1　（1.9%） 外国人教員1　（2.6%）

第5章　全学教育英語のオンラインシラバス分析

3技能統合型（S＋L＋R）（受容＋発表）（文書＋オーラル）＊W（発表、文書）への言及がない　項目k	2件（2.2％） 日本人教員2（3.8％） 外国人教員0（0％）
3技能統合型（S＋L＋W）（受容＋発表）（文書＋オーラル）＊R（受容、文書）への言及がない　項目l	4件（4.4％） 日本人教員0（0％） 外国人教員4（10.5％）
四技能統合型（受容＋発表）（文書＋オーラル）　項目m	14件（15.6％） 日本人教員6（11.5％） 外国人教員8（21.1％）
技能についての言及なし、不明　項目n	6件（6.7％） 日本人教員5（9.6％） 外国人教員1（2.6％）

R＝リーディング　L＝リスニング　S＝スピーキング　W＝ライティング

技能別担当教員割合

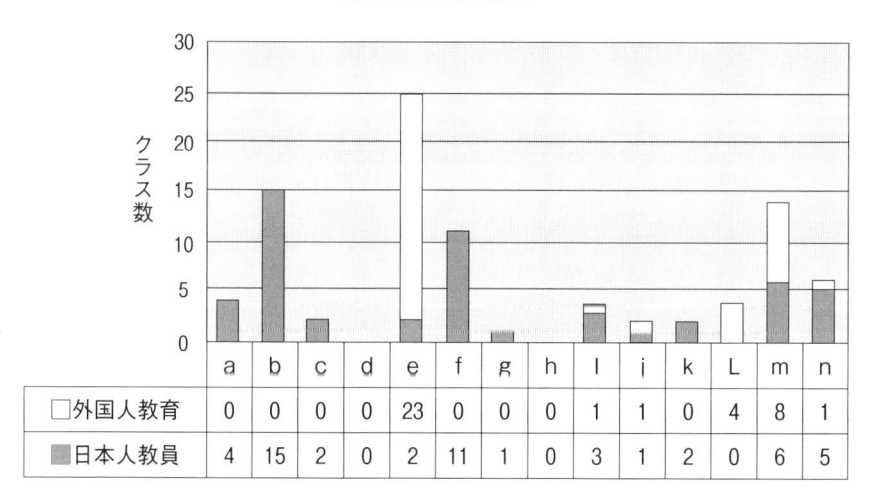

	a	b	c	d	e	f	g	h	I	j	k	L	m	n
外国人教育	0	0	0	0	23	0	0	0	1	1	0	4	8	1
日本人教員	4	15	2	0	2	11	1	0	3	1	2	0	6	5

表5-4　英語特別演習指導技能一覧

技　　能	件数（教員数16クラスに占める割合） 日本人教員のクラス数 　（日本人教員7クラスに占める割合） 外国人担当のクラス数 　（外国人担当9クラスに占める割合）
W（発表能力のみ）（文書コミュニケーションのみ）項目a	0件（0％） 日本人教員0（0％） 外国人教員0（0％）
R（受容能力のみ）（文書コミュニケーションのみ）項目b	3件（18.8％） 日本人教員3（42.9％） 外国人教員0（0％）
L（受容能力のみ）（オーラル・コミュニケーションのみ）項目c	1件（6.3％） 日本人教員1（14.3％） 外国人教員0（0％）
S（発表能力のみ）（オーラル・コミュニケーションのみ）項目d	0件（0％） 日本人教員0（0％） 外国人教員0（0％）
L＋S（受容＋発表） （オーラル・コミュニケーションのみ）項目e	7件（43.8％） 日本人教員0（0％） 外国人教員7（77.8％）
S＋W（発表のみ） （文書＋オーラル）項目f	0件（0％） 日本人教員0（0％） 外国人教員0（0％）
S＋R（受容＋発表）（文書＋オーラル）項目g	0件（0％） 日本人教員0（0％） 外国人教員0（0％）
R＋L（受容のみ）（文書＋オーラル）項目h	0件（0％） 日本人教員0（0％） 外国人教員0（0％）
3技能統合型（W＋S＋R）（受容＋発表）（文書＋オーラル）L（受容、オーラル）への言及がない　項目i	2件（12.5％） 日本人教員2（28.6％） 外国人教員0（2.6％）
3技能統合型（S＋L＋R）（受容＋発表）（文書＋オーラル）＊W（発表、文書）への言及がない　項目j	1件（6.3％） 日本人教員1（14.3％） 外国人教員0（0％）
3技能統合型（L＋W＋R）（受容＋発表）（文書＋オーラル）＊S（発表、オーラル）への言及がない　項目k	2件（2.2％） 日本人教員1（1.9％） 外国人教員1（2.6％）

第5章　全学教育英語のオンラインシラバス分析

3技能統合型（S＋L＋W）（受容＋発表）（文書＋オーラル）＊R(受容、文書)への言及がない　項目l	1件（6.3%） 日本人教員0　（0％） 外国人教員1　（11.1%）
四技能統合型 項目m	1件（6.3%） 日本人教員0　（0％） 外国人教員1　（11.1%）
技能についての言及なし 項目n	0件（0％） 日本人教員0　（0％） 外国人教員0　（0％）

R＝リーディング　L＝リスニング　S＝スピーキング　W＝ライティング

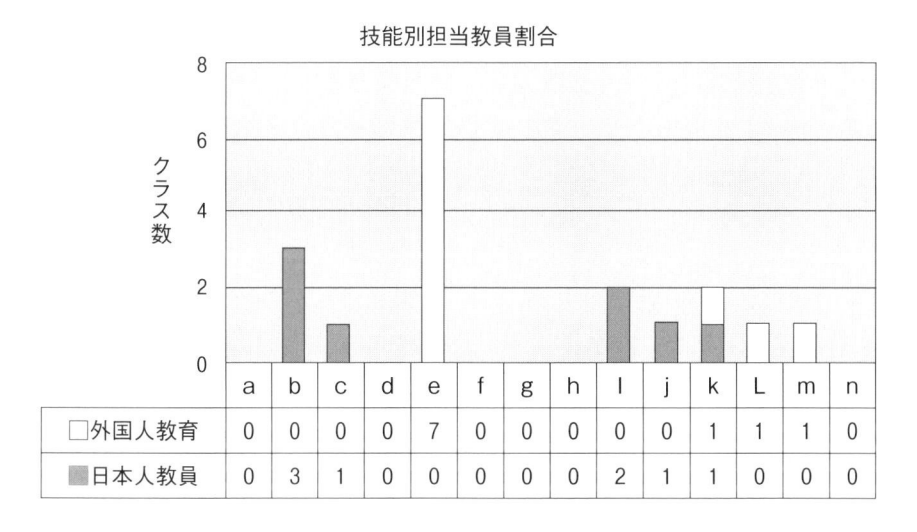

技能別担当教員割合

	a	b	c	d	e	f	g	h	I	j	k	L	m	n
外国人教育	0	0	0	0	7	0	0	0	0	0	0	1	1	0
日本人教員	0	3	1	0	0	0	0	0	2	1	1	0	0	0

　日本人教員が担当する授業にくらべ、外国人教員が担当する授業のほうが使用スキルが多いことが表5-3、5-4から推察される。外国人教員の授業で1技能だけしか扱わないものは皆無である。「総合英語演習」では日本人教員の40.3％が、「英語特別演習」では日本人教員の過半数の57.2％が、1技能のみにしか言及していなかった（項目a,b,c,d）。1技能のみに言及した日本人教員のうち、最も言及が多かったのがリーディングで、総合英語演習で日本人教員の28.8％、英語特別演習で42.9％である。
　外国人教員が受け持つ授業の方が取り扱うスキルの種類が多い理由として、外学生は、教員の英語による指示や説明の聞き取り（リスニング）をし、ま

教員とのコミュニケーションを取るのに英語で発話（スピーキング）しなければならないため、必然的に 2 つ以上の技能を修得することになる。しかし、日本人教員が日本語で授業を行っている場合、外国人教員が担当するクラスに比べて、意識的に授業運営をしなければ、授業で取り扱う技能は減る。ただし、日本人教員であっても、英語で授業を行う直接教授法で授業運営すれば条件は外国人教員と同じである。また、外国人教員であっても、TOEIC 対策などで講義型の一方通行の授業スタイルを採用し、学生が発話するよう促さなければ、スピーキングは扱わないことになる場合もある。

考察

文法訳読法による授業で訳出を日本語で行うだけの授業になると、大学入学前までに日本式の英語教育を受けていない者や不慣れな者は（帰国子女、留学生、英語エマージョン校の卒業生など）場合によっては、成績評価が極端に低くなってしまうことも十分考えられる。そのため、実際には英語の運用能力が相当に高い者であっても、文法訳読法による英文和訳に特化した授業を行う教員に当たったために、定期試験などで日本語に訳出することができずに再履修するというケースも考えられる。

日本の学校教育における英語の授業は、「読み書き重視」と批判されてきた。しかし、四技能を総合的に伸ばすことが目的の EGP として、2 つの授業科目を分析すると、日本人教員は「読み書き重視（リーディング、ライティング）」というより、「読み」のみ、または「受容（リーディング、リスニング）」重視、外国人教員は、「発信（スピーキング、ライティング）重視というより、「オーラル・コミュニケーション（スピーキング、リスニング）重視」という傾向があることが分かった[19]。（表5-5、表5-6）

この 2 つの EGP の授業科目のシラバス分析からだけでは断言できないが、

---

19 これについては、当時のカリキュラムのインテンシブ英語演習 I・II が、それ以前のカリキュラムの「表現演習」（発信能力）の流れを汲むと考えられているため、その経緯を知る日本人教員が総合英語演習と英語特別演習では受容能力を意識的に重視している可能性もある。

第5章　全学教育英語のオンラインシラバス分析

表5-5　外国人教員・日本人教員のスキル重視傾向1

	総合英語演習		英語特別演習	
	1番多い型	2番目に多い型	1番多い型	2番目に多い型
日本人担当	Rのみ	L+R(受容のみ)	Rのみ	3技能統合型(R,S,W)
外国人担当	L+S(オーラルのみ)	四技能統合型	L+S(オーラルのみ)	四技能統合型 3技能統合型(L,S,W)

R=リーディング　L=リスニング　S=スピーキング　W=ライティング

表5-6　外国人教員・日本人教員のスキル重視傾向2

	発表能力	受容能力
オーラル・コミュニケーション	S(外国人教員)	L(外国人教員)(日本人教員)
文書コミュニケーション	W	R(日本人教員)

R=リーディング　L=リスニング　S=スピーキング　W=ライティング

　当時は所属クラスによっては、ある1技能、主にライティングを全く授業で習得することをせずに専門課程に進学した学生もいた可能性が高い[20]。2002年当時のシステムでは、1年生の時点では2年生でどのスキルを学習することになっているか予め決定しているわけではない。また、2年生になった時点でも、担当教員が積極的に調査をしない限り1年生でどのスキルを授業で学習したかが分からなかった。

　大学側が共通シラバスを指定したり、ガイドラインを設けたりせず、個々の教員に指導スキルの選択を含めシラバスデザインを一任した場合、日本人教員が「読み」のみ、または「受容」重視、外国人教員が「オーラル・コミュニケーション重視」であるのは、クラスマネジメント上の理由が大きい

20　九州大学の全学教育で2006年度から実施されている新カリキュラムでは1年次にライティングが必修になっている。（表4-2「旧カリキュラム（1999年度〜2005年度）と新カリキュラム（2006年度以降）参照）

と考えられる。日本人教員がリスニングやリーディングであれば、受容能力であるので、学生のレベルにばらつきが見られる大人数クラスでも、(技能を実際に学生が効果的に習得しているかどうかは別にして) 一方通行の授業をしていれば、教員の負担は少なくても済む。

　外国人教員の場合、学生のレベルが事前に分からなければ無難に英会話を選ぶ可能性が高い。それに対して、ライティングについては、英語力を入試で考査されていない層を含む50人以上のレベルがばらばらな学生が同一クラスに所属するのであれば指導するのは困難である。毎回のライティングの作業結果を教員が目を通すのも時間がかかる上、レベルがあまりにも違う学生の間では、学生同士が添削しあうことも難しい。

　外国人教員がライティングの指導を避ける傾向にあるのは、他大学でも同様だと思われる。

> 今までの実績でいくと、ネイティブ教員によるライティング指導は成功しているのだが、外国人教員自身が「ライティング指導はやりたくない」と言う場合があるので、こうなるとどうしようもない。ライティングの指導は、学生の書いたものを読んで直していかなければならず手間も時間もかかるので、いくつかの大学で非常勤講師をかけもちしている外国人教員は敬遠したがるし(そして、いくつもかけもちしている人が多い)、なかには「スピーキングしか教えたことがないから、それ以外は自信がない」という外国人もいる。(鳥飼, 1996, p.127)

　この日本人教員に見られたリーディング重視、ライティング軽視の傾向については、英語科教員と専門教員の間の、「専門課程授業での英語使用」認識の食い違いからくることも予想される。「外国語教育ニーズ分析予備調査の結果について」(松村, 山村, 2003) で、学生と専門教員、英語教員では、それぞれ外国語教育に対するニーズや認識の差があることが報告されている。専門課程で必要とされる英語の技能においてリーディングに関する項目が上位を占めるのは予想されたことであったが、英語教員の9割以上が和訳に関

する項目を挙げているのに対して、専門課程教員の回答では4割程度であり、認識のずれが明らかになっている。また、英語教員は専門課程でのライティングを低い位置づけと予想しているのに対し、専門課程の授業での英語使用の中では上位にある。ニーズ分析に基づき、英語学習の専門課程進学後の継続性を考慮して、外国人教員と日本人教員の指導の特性を活かしつつ、学生が四技能のすべてを効率よく学ぶことができるためのカリキュラム開発が求められる。たとえば、英語学習者のロールモデルとしての立場から日本人教員が日本人英語の「発信」(スピーキング、ライティング)の問題点について述べ、また、外国人教員が、英語のネィティブスピーカーの立場から、アカデミックな英語の「文書コミュニケーション」(リーディング、ライティング)のコツを指導するという場も有益である。

5.6.3 「総合英語演習」「英語特別演習」(EGP)の「取り扱いテーマ」分析

技能だけでなく、取り扱いテーマについて、全体的なカリキュラムの中で縦断的に考える必要がある。当時のシステムでは1年で取り扱ったテーマと重複するテーマに、2年生になって再び当たるクラスもあった。以下に、「総合英語演習」、「英語特別演習」の取り扱いテーマを分類した(表5-7, 表5-8)。なお、カテゴリーの項目については、九州大学「改革サイクル」2001年3月の「英語科目についての学生による授業評価」(1999年1月実施)の項目を参考にした。

考察

EGPであるこの2つの授業科目では、特に全学での目標(Goals)を設定していなかったため、取り扱いテーマでは、外国人教員は「日常英会話」、日本人教員は「英文学」というような、旧来どおりの無難な選択が多いことを想像していたが、予想に反してテーマは多岐に渡っており、各教員の工夫が見られた。しかしながら、全学教育の英語のEGPのテーマにふさわしいものは何であるかを教員全体でのコンセンサスを元にガイドラインとして示す必要がある。

表5-7　総合英語演習の取り扱いテーマ一覧

カテゴリー	取り扱いテーマ
英語圏（および外国の）文化や習慣	ニュース英語、映画、歌詞、テレビ、様々な国の文化
英米文学の魅力	イギリス文学、アメリカ文学
言語としての英語の特徴	現代アメリカ英語、和製英語とアメリカ英語の違い
学習ストラテジー	TOEIC対策、ライティング力養成、語彙力養成、発音練習、シャドーイング
英語を使ったコミュニケーションの実践	日常英会話、インタビュー、プレゼンテーション、ディベート、コミュニケーションギャップ、日本文化を英語で紹介、ビジネス環境での英語
専門分野の英語（ESP）	科学英語の基礎

表5-8　英語特別演習の取り扱いテーマ一覧

カテゴリー	取り扱いテーマ
英語圏（および外国の）文化や習慣	アメリカ滞在
英米文学の魅力	イギリス文学
英語情報の検索と収集	インターネットを使った英文検索、読解
言語としての英語の特徴	日本人が間違いやすい表現
学習ストラテジー	口語英語の聴解
英語を使ったコミュニケーションの実践	日常英会話、プレゼンテーション
専門分野の英語（ESP）	科学論文の読解

　学部を問わず再履修として受講する「英語特別演習」の場合は、テーマがあまり専門的なものであると、学生のニーズや興味に合わない場合も出てくる。この科目を履修しない限り卒業できないことを考えると、大学生として学んでおきたい最低限のものをおさえるのにふさわしいテーマを選ぶ方がよい。大人数クラスの中で、興味もなく、専門分野とかけはなれた内容を強いられ、学生の英語嫌いを助長することのないような配慮が必要である。

5.6.4 使用教材の分析

　九州大学自己点検・評価委員会による『九州大学の改革サイクル』(2001)所収の「英語科目についての学生による授業評価」(1999年1月実施)では、開講クラス139クラスのうち、1割以上にあたる15クラスで、「教材に興味が持てない」という指摘がクラスの30％以上から出ていた。この授業評価実施後の2002年度の全学科目の英語においても共通教科書を使用する「英米言語文化演習I」を除きすべての授業科目で、使用教材の選択は、専任・非常勤、日本人・外国人の別なく担当教員の自由裁量に任されていた。ここで、オンラインシラバスの「教科書および参考図書など」の入力項目を元に、授業科目毎に教材使用の傾向を分析した。

・同一授業科目での使用教科書のばらつき

　同じ授業科目であっても、5.6.1「講師の配置」で指摘した教員だけでなく、教材についても、ニーズやレベルの不一致が出ていると考えられる。同一授業科目で、どれだけ多様な教科書が採用されているかを表5-9にまとめた。同じ教科書でレベルが違うものは、別の教科書として計算している。(たとえば、同じシリーズの本で、Vol.1, Vol.2は、別のものと考える。) なお、自作教材、プリント配布、授業で指示といったものは含まれていない。

表5-9　授業科目ごとの教科書の種類

授業科目（開講クラス数）	対象者	教科書
総合英語演習（90クラス）	1年生、大人数クラス（50人程度）	43種類
インテンシブI（101クラス）	1年生、小人数クラス（20人程度）	72種類
英米言語文化演習II（58クラス）	2年生、大人数クラス（60人程度）	48種類
インテンシブII（65クラス）	2年生、小人数クラス（20〜25人程度）	62種類
選抜英語演習（11クラス）	1、2年生の選抜生。小人数クラス（10人程度）	13種類
英語特別演習（16クラス）	再履修生、大人数クラス（70人程度）	15種類

授業の開講クラス数と教科書の種類が一致していない理由は以下の通りである。

(1)同一教員が同じ授業科目で複数の開講クラスを担当する場合、同じ教科書を使っている場合がある。
(2)教員が異なっていても、同じ授業科目で同じ教科書を使っている場合がある。
(3)1つのクラスで教員が2冊以上を教科書として指定している場合、それぞれ、冊数として数えている。
(4)未入力、授業で指示、自作教材、プリント配布は含まれていない。

なお、「同一教員が同じ授業科目で複数の開講クラスを担当する場合」、すべての教員が自分が担当する同じ授業科目で同一の教材を使っているわけではないことが分かった。つまり、学生の所属学部によって教材を変えるという工夫をしている例（たとえば、法学部向けには法律関係のものを、理系には科学の読み物をなど）である。

また、逆に、教員によっては、授業科目に関係なく教材選びをしていることも考えられる。それぞれの授業科目の目的や、対象者、クラスのサイズが異なっているにも関わらず、同一レベルの同じ教材を使用している場合もあった。たとえば、2年生の選抜された少人数クラスで使う教材と、入学したばかりの1年生の大人数クラスと全く同じレベルの同じ教材を使うという例である。

・日本人教員と外国人教員別、教材選択の傾向

本研究第3章では「新書」を例に、大学の英語教育の現場では、あいかわらず「日本人教員が英文学の古典を文法訳読法で、外国人教員が日常英会話」を教えているという、部外者からの固定観念について取り上げた。ここでは、授業で使われている教材を見れば、ある程度指導内容の傾向が分かると考え、日本人教員と外国人教員に分けた教材選択の傾向と特定の文化への

言及を分析し、それをもとにして教員による自由選択の問題点について考察する。

⑴日本人教員担当のクラス

使用教材の名称は抽象的かつ漠然としたものが多く、実際に扱うテーマ・スキルが何なのか全く判断できないものがあった。日本人教員の教材選択は、簡単にグループ分けすることができないほどに多様化していた。以下に、内容面とメディア面で考えてみたい。

・内容面

明らかに「英文訳読」用の英米文学のリーダーと言えるもののみを指定教材にしている教員は少数派となっていた。また、文学作品を使ってリスニング、スピーキング、ライティングなどのタスクを課す教材も多く出版されているので、教材のタイトルが文学作品の名前になっていても、文法訳読法のための訳読専用の教材であるとは一概にはいえない。たとえ、訳読用の教材を使用していても、ビデオや音声テープなどの補助教材を導入することにより、単調さを避けることもできる。

伝統的な英文訳読用の教材に代わり、日本人教員が選ぶ教材の中で特に目立っていたのは、TOEIC対策の教材である（表5-10）。TOEIC対策の教材は、授業科目とは関係なく、選択されているようで、統一教科書を使用する「英米言語文化演習Ⅰ」と再履修の「英語特別演習」を除くすべてのクラスで、学年、クラスの規模を問わずに、選択する教員が見られた。これは日本人教員のみの傾向であり、外国人教員でTOEIC教材を選択しているクラス数は2クラスのみ（「インテンシブ英語演習Ⅰ」で1クラス）（「総合英語演習」で1クラス）だった。

ビジネス英語寄りのTOEIC対策の教材を選択するクラスが増えているのに対し、米国留学向けのアカデミックなTOEFL対策を教材に選んだ例は予想に反して、2クラス（選抜英語演習）のみであった。TOEICは、特に日本国内での受験者の多い集団準拠テストであり、北米の大学の留学志望者を

表 5-10　TOEIC 教材の導入傾向

授業科目 (日本人担当のクラス数)	主教材、副教材で TOEIC 対策本を使用 (使用クラス／日本人担当のクラスに占める割合)	対象者
総合英語演習 (52クラス)	5クラス (9.6%) (うち、主教材として採用しているもの：3クラス)	1年生 大人数クラス (50人程度)
インテンシブ英語演習 I (64クラス)	2クラス (3.1%) (うち、主教材として採用しているもの：2クラス)	1年生 小人数クラス (20人程度)
英米言語文化演習 II (40クラス)	7クラス (17.5%) (うち、主教材として採用しているもの：6クラス)	2年生 大人数クラス (60人程度)
インテンシブ英語演習 II (40クラス)	2クラス (5%) (うち、主教材として採用しているもの：2クラス)	2年生 小人数クラス (20〜25人程度)
選抜英語演習 (9クラス)	1クラス (11.1%) (うち、主教材として採用しているもの：0クラス)	1、2年生の選抜生 小人数クラス (10人程度)
英語特別演習 (16クラス)	0クラス (0%)	再履修生 大人数クラス (70人程度)

　主たる対象にした TOEFL よりも、受験者の英語のレベルが多岐に渡り、点数の幅も広く設定されているため、日本の大学生の相対的な英語力やコースの前後でどれだけ実力がついたかを見るには有効である。そのため、副教材として問題練習をするのは効果的である。しかし、学部・専攻を問わず必修英語の授業で TOEIC のテキストを主教材にして TOEIC 対策そのものを授業の中心にすることについては、全体のカリキュラムの中で適切かどうかを検討する必要がある。

　また、大人数クラスほど TOEIC 教材が指定されている傾向にあることも明らかになった。当然のことながら、「英語の検定試験をめざした能力の向上」を授業の目的に挙げている「英米言語文化演習 II」で、TOEIC 対策教材を使用する割合が一番高かった。少人数クラスで目的意識が強いと思われ

る「インテンシブ英語演習Ⅰ」(64クラス中2クラス (3.1％))「インテンシブ英語演習Ⅱ」(40クラス中2クラス (5.0％)) よりも、大人数の固定クラスである「総合英語演習」(52クラス中5クラス (9.6％))「英米言語文化演習Ⅱ」(40クラス中7クラス (17.5％)) の方が TOEIC 教材を使う日本人教員が多い。市販の TOEIC 対策問題集の多くは学習効果を考えて、レベル別の構成になっていることや、また、EAP としてアカデミックスキルの一環として系統的にテストテーキングのスキルを教えることを目的にすることから、少人数でのクラス編成が可能であればレベルの揃った学生を対象に実施する方がさらに効率が良く、かつ効果的である。

　TOEIC はビジネスパーソンに有益なコミュニケーション・スキルを測る試験であるため、TOEIC 対策を大学の授業に導入する場合、単なるリスニング・リーディング・文法の問題練習に終わらず、学部卒業後は民間企業に就職する学生が多い法学部、経済学部を中心に、大学卒業までに知っておくべき英語のビジネスライティングやビジネス基本用語を紹介する ESP として機能してこそ、民間の英会話学校との差別化が図れる。民間の英会話学校でも TOEIC 対策は行われており、TOEIC の対策の教材は容易に書店で手に入るため、学生は自学自習も可能である。「なぜ、九州大学の全学教育の必修クラスで行うか」「どうすれば、大人数クラスのダイナミクスを利用して効果的な授業ができるか」を検討すべきである。

・メディア面
　特に日本人教員に見られる傾向として、いわゆる紙のテキストブックではなく、CD-ROM やウェブサイトなどコンピュータを使用するメディアや、映画、ビデオなどの視聴覚教材を主教材に据えるものも見られた。オンラインシラバスに記載しないで単発的にマルチメディア教材を使用するケースも多数あることが予想される。各教員がより実際的な (authentic) 英語に学生を触れさせるための工夫をしていると思われる。

⑵外国人教員担当のクラス

　外国人教員は英国や米国の大学で出版されたESLのコースブックを選択しているケースが多い。こういった教材は市販されているため、民間の英会話学校で使用されていることも多い。九州大学の2002年度当時のシステム（レベル別クラス編成なし、大人数クラスがほとんど）を考えれば、少人数制でレベルチェックによってクラス分けをされている民間の英会話学校の授業に比べて、同じ教材を使用していてもかなりクラスの学習環境は劣る。また海外（おもに、米国と英国）で出版されているESLの教材の習熟度別に分かれていることが多い。学生の中には民間の英会話学校に通っている者もいるため、今後は「英会話学校を単位として認めて欲しい」という学生から声があがることも予想される。「外国語教育ニーズ分析のための予備調査報告」（井上,2003）では「言語文化科目Ⅰの授業方法に対する提案」についての質問で、学外の語学学校などでの学習を単位化するという項目は、工学部の学生回答者60人のうち15人（25％）が提案事項の9番目に挙げている。これに対し、専門教員は回答者55人のうち8人で（14.5％）で提案事項の14番目、英語教員では、回答者20人のうち3人で（15％）提案事項の16番目となっている。

　現在、全学教育で学んでいる学生は高校のオーラル・コミュニケーションで英会話には触れてきている世代である。大学の全学科目の時間を使って海外旅行で困らない程度の日常英会話を教えつづけ、単位を与えることに意味があるのかどうかについては、十分な議論が必要である。また、外国人教員は非常勤講師の割合が多いためか、日本人教員以上に、授業科目や対象学生の違いやシステムそのものを事前に十分、理解できないまま、教材を選んでいることも考えられる。違う授業科目で、クラスサイズや学年が違っていても、同一レベルの同一教材を使用する傾向は、外国人教員に特に多く見られる特徴であった。多くの外国人教員が選んでいた教材について以下の表5-11にまとめた。

表5-11 外国人教員が多く選ぶ教材の例と使用クラス

教材名（出版社）	クラス数	内訳
Crossroad (Macmillan Language House)	9クラス	インテンシブ英語演習II(3)、インテンシブ英語演習I(2)、英米言語文化演習II(2)、総合英語演習(2)
English Firsthand 2 (Longman)	8クラス	インテンシブ英語演習II(3)、インテンシブ英語演習I(1)、英米言語文化演習II(2)、英語特別演習(2)
English Firsthand 1 (Longman)	5クラス	インテンシブ英語演習I(1)、総合英語演習(4)

(3)特定の文化への言及

　高校の教科書については、学習指導要領における教科書題材に関する記述が、1955年には「英語を常用語としている人々」と限定していたのに対し、1989年には「その外国語を日常使用している人々を中心とする世界の人々及び日本人」まで対象を広げるようになっており、実際の高校用英語の教科書は、かつての欧米一辺倒から、日本を含めアジアや、アフリカの国々を題材に採るように変わってきている。(今橋, 1997, pp. 24-32) では、九州大学で教員が各自自由に採用している教材はどういった文化を主に取り上げているか。これについては教材のタイトルからは内容が全く窺い知れないものも多い。教材の名称から判断する限りでは、オーストラリア、カナダ、ニュージーランドといった英国、米国以外の英語母国圏、シンガポール、マレーシア、フィリピンなどのアジアのESL圏、中国や韓国などのアジアのEFL圏を紹介する教材は特定できなかった。これは、授業科目の名称に「英米言語文化演習I・II」とあること、採用されている教材が米国系や英国系の出版社によることが多いこと、外国人教員は英米人がほとんどであることが主な理由として考えられる。

　それに対し、教材の名称から、英国、米国に的を絞っているものは多く見られた。たとえば、
"What America Is Talking About"、"Listening to America"、"Twelve

Modern Eminent People from Britain"，"English Conversation for Staying in Britain"
などである。(下線筆者)

大学の英語教育では、スキルだけでなく、取り扱うテーマについても、中学、高校からの英語の授業との「接続性」が必要である。今後は、学生が英語で国内外に向かって発信するために、日本文化やアジアの文化を英語で考える教材の採用・開発も検討すべきである。

⑷教員による自由選択の問題点

教材の入力項目には「自作教材」「プリント配布」としたものが目立った。「自作教材」「プリント」とは、教員が作ったオリジナルの素材なのか、教材を複写しただけのものかは、内容の言及がないので分からない。前学期までに使用された語学教材を同じクラスで採用しないように、毎回、学内の担当者による確認作業が行われているが、配布資料の場合、すでに使ったものが、教材としてまた同じクラスで採用されるということは十分、考えられる。

教員にとっても、教材の良し悪しは使って見なければ分からないということもある。使用教材について、学生や講師による評価を公開し、教員間で情報を共有するというのも有益である。特に学生から苦情の多かった教材については、今後、授業で採用する教材リストから外すという選択肢もある。

5.6.5 学生の成績評価

『九州大学「改革」サイクル』(2003) では、平成10年度のデータを基にして、科目区分後との成績評価分布のデータおよび主要な科目についてのクラスごとの成績分布評価のデータを作成しており、これにより、全学共通教育科目の成績評価の実態が初めて明らかになっている。同報告書では(1)科目によって違いが見られること(2)同じ科目によっても違いが見られること(3)学生がクラスを選択できないことが示された。入学後に、専門コース・学科の決定が行われる学部においては、全学教育での成績がコース・学科決定の資料になることから、成績評価に統一性がなければ学生の不公平感を生じ、大学

教育への不信につながりかねないことを指摘している。ここでは「言語文化科目Ⅰ」の英語について2002年の成績評価の実態をオンラインシラバスの入力内容から考察する。

(1)学生が学内で受ける英語テストとその属性

　九州大学の全学教育でオンラインシラバスが導入されたことにより、定期試験を含む学生の成績評価方法が開講前から公開されている。これは学生にとって非常に有益である。選択必修の場合、評価の方法やテストの手段・内容が、学生が履修するかどうかを決定する要因になることもある。テストは語学学習の上で道具的動機づけ（instrumental motivation）[21]としての役割があり、学習者が、翌週、特定の素材についてテストされることを知っている場合は、ただ単に勉強するように言われる時よりも、入念に学習する動機づけとなる。つまり、過剰にストレスを与えず、頻度が多すぎなければ、テストは有益な動機となる（Ur, 1996）。

　このことから、オンラインシラバスであらかじめ試験内容を事前に公開すれば、学習者の到達目標レベルを示し、学習する機会を提供することにもなる。また、教員の側からしても、担当クラスの学生が同時期に受講している授業のシラバスを見れば、同じスキル・内容のテストをするなどの効率の悪さ（たとえば、別々の授業科目で単語テストを週2回、実施するなどの重複）が避けられる。

　ここで、九州大学の学生が入学から、卒業までに受ける英語のテストを表にし、その中で、言語文化科目Ⅰの英語テストの位置づけを考えてみたい。表5-12は、*The Elements of Language Curriculum*（Brown, 1995）を参考に、九州大学の学生が大学入試から、学部卒業までに経験すると思われる英語のテストの種類について、判定目的とテストを対応させた表である。

21　Gardner and Lambert（1972）は、仕事や生活上有利なので目標言語を学習するといった実用目的達成のための言語使用願望を道具的動機づけ(instrumental motivation)と分類した。（金子, 2001, p.164）

表5-12 九州大学の学生が学内で受けるテストの判定の種類 (2003年当時)

	判定の種類・テスト			
テストの属性	熟達度 (Proficiency) テスト	クラス分け (Placement) テスト	到達度 (Achievement) テスト	診断 (Diagnosis) テスト
試験内容	かなり全般的	全般的	具体的	非常に具体的
着眼点	プログラム参加への必要条件となる全般的スキル	プログラム全体での学習ポイント	コースまたはプログラムの教育目標	コースまたはプログラムの教育目標
判定目的	個人を他の集団や他の学習者と全体的に比較する。	各学生に合ったレベルのクラスを探す。	プログラムの教育目標について、習得した量を判定する。	学生と教師に、未習得の教育目標を知らせる。
実施時期	プログラム実施前または実施後	プログラムの開始時	コース終了時	コースの始めまたは途中
スコアの解釈	スコアの分布	スコアの分布	教育目標がどれだけ、習得されたか。	教育目標がどれだけ、習得されたか。
九州大学では	入学試験（センター試験、二次試験）大学院入試	言語文化科目II受講前プレイスメントテスト	言語文化科目I定期試験	言語文化科目Iコース期間中の小テスト
テストの種類	集団準拠テスト（NRT）相対評価		目標準拠テスト（CRT）絶対評価	

　上記の表5-12に加え、単位互換の交換留学の学内選抜でもNRTであるTOEFLのスコアを使用していた[22]。そのほか、就職試験に備えて、また、

22　九州大学では、2005年後期より全学的に標準化テスト（2005年度はTOEICとTOEFL、2006年度よりTOEFLに一本化）を導入しているが、それ以前は大学入試以降は、全員が受験する英語の統一試験を実施していないため、九州大学の学生の熟達度について把握するのが難しく、大多数の学生にとっては、履修科目の単位取得のために、各教員が作成する定期試験や小テストが、学内で英語のテストを受ける機会となっていた。

第5章　全学教育英語のオンラインシラバス分析

自己啓発の目的でTOEIC、TOEFLや実用英検などの集団準拠テストを自発的に受けている学生も多数いたものと思われる。日本の学校教育の文化では、「テスト＝集団内での順位」づけという固定観念があるせいか、オンラインシラバスを見る限りでは、絶対評価をするか相対評価をするかについてを言及している教員はほとんどいなかったため実態のほどはわからなかった。半期ごとの到達度テストである定期試験はその主旨から、絶対評価となるべきである。定期試験で相対評価を導入すると、以下の問題が生じる可能性がある。

⑴少数選抜クラスで相対評価をされると、選ばれてしまったばかりに評価が低くなってしまうという不公平感がある。
⑵プレイスメントテストを実施していない場合、偶然の要素で集まったクラス内で、相対的に評価して順位づけしても、あまり意味はない。
⑶同一科目名、共通教科書使用で開講されている科目について、相対評価、絶対評価のどちらを教員がどちらを選ぶか、クラスによって違うのは不公平である。

　次に、授業科目ごとの成績評価の傾向について考察する。平成15年度『全学教育科目担当教官要項』の「成績報告書等について」(2003, p.39) では、「成績は、試験の結果と平素の学習状態とを総合して」判定となっている。なお、英語科では評価についてのさらに詳しいガイドラインを日本文・英文で作成して各教員に配布している。以下、オンラインシラバスをもとに授業科目ごとに成績評価の傾向について表5-13にまとめた。

表5-13の分析
　成績評価を事前にオンラインシラバスで公表することで、各教員は学生に対して、学生の予習・家庭学習・望ましい学習態度について、メッセージを送っており、学生の英語学習が週1、2回の授業出席のみに終わらないようにすることが可能になっている。

表5-13 授業科目ごとの成績評価の傾向

授業科目名 (開講クラス数)	試験の種別　クラス数（%）
全体 (総クラス：376クラス)	定期試験実施　283（75.3%） 小テスト・中間テスト実施の言及あり　156（41.5%） 小テスト10回以上　33（8.8%） 評価に関係のある提出物　147（39.1%）
インテンシブ英語演習Ⅰ (101クラス) グラフ内a	定期試験実施　65（64.4%） 小テスト・中間テスト実施の言及あり　22（21.8%）うち、小テスト10回以上行うことを明記しているもの　4（4%） 提出物も評価対象　42（41.6%）＊（平常点のみで評価1クラス）
インテンシブ英語演習Ⅱ (65クラス) グラフ内b	定期試験実施　41（63.1%） 小テスト・中間テスト実施の言及あり　19（29.2%）うち、小テスト10回以上行うことを明記しているもの　3（4.6%） 提出物も評価対象　31（47.7%）
英米言語文化演習Ⅰ (31クラス) グラフ内c	定期試験実施　27(うち小テスト不合格者のみ、受験するもの1)（87.1%） 小テスト・中間テスト実施の言及あり　28（90.3%）うち、小テスト10回以上行うことを明記しているもの8（25.8%） 提出物も評価対象　8（25.8%）
英米言語文化演習Ⅱ (58クラス) グラフ内d	定期試験実施　46（79.3%） 小テスト・中間テスト実施の言及あり22（37.9%）うち、小テスト10回以上行うことを明記しているもの7（12.1%） 提出物も評価対象　17（29.3%）＊期末試験のみで評価1クラス
総合英語演習 (90クラス) グラフ内e	定期試験実施　82（91.1%） 小テスト・中間テスト実施の言及あり　27（30.0%）うち、小テスト10回以上行うことを明記しているもの8（8.9%） 提出物も評価対象　34（37.8%）＊期末試験のみで評価3クラス
選抜英語演習 (11クラス) グラフ内f	定期試験実施　9（81.8%） 小テスト・中間テスト実施の言及あり3（27.3%）うち、小テスト10回以上行うことを明記しているもの　1（9.1%） 提出物も評価対象　8（72.7%）

第5章　全学教育英語のオンラインシラバス分析

英語特別演習 (16クラス) グラフ内 g	定期試験実施　11（68.8%） 小テスト・中間テスト実施の言及あり　6（37.5%）うち、 小テスト10回以上行うことを明記しているもの　1（6.3%） 提出物も評価対象　6（37.5%）
21世紀プログラム (英文読解演習 A・B 英文作成演習 A・B) グラフ内 h（4クラス）	定期試験実施　2（50%） 小テスト・中間テスト実施の言及あり　2（50%）うち、 小テスト10回以上行うことを明記しているもの　1（25%） 提出物も評価対象　1（25%）

成績評価の傾向

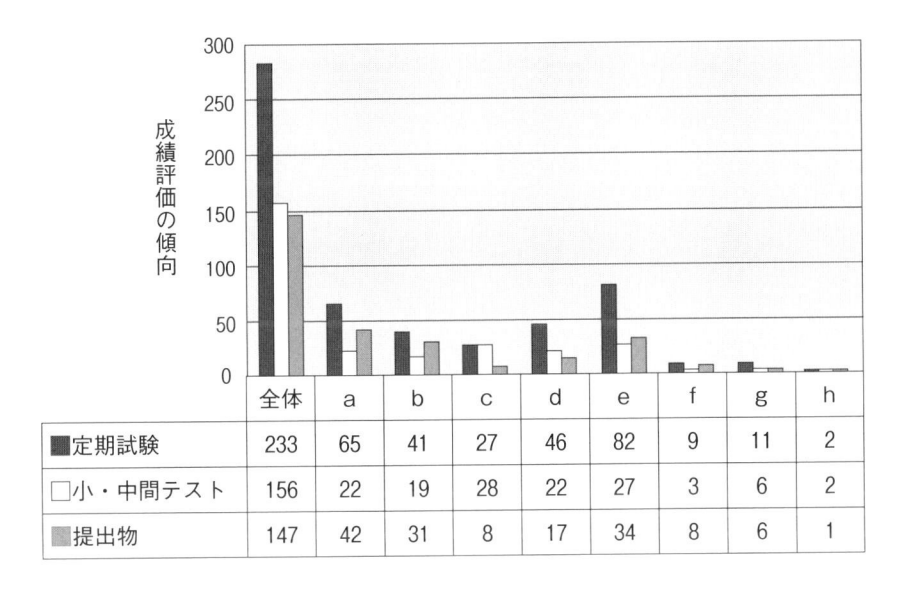

	全体	a	b	c	d	e	f	g	h
■定期試験	233	65	41	27	46	82	9	11	2
□小・中間テスト	156	22	19	28	22	27	3	6	2
▨提出物	147	42	31	8	17	34	8	6	1

　オンラインシラバスの入力どおりに全教員が試験をしているとは限らないが、オンラインシラバス上は定期試験が実施されているクラスが多く、平常点だけで成績評価するものは全クラスのうち、1クラスしかなかった。また、1回の定期試験実施だけで成績評価するクラスは少数派で、全クラスのうち、4クラスしかなかった。

　全体でみると、総クラス数376（前期198クラス、後期178クラス）中、定期試験実施283クラス（75.3%）、小テスト・中間テスト実施の言及ありが156クラス（41.5%）、小テスト10回以上が33クラス（8.8%）評価に関係のある提出物に言及が147クラス（39.1%）となっている。

科目によって顕著な特徴が見られたのは、共通教科書を使用する英米言語文化演習Ⅰで小テストを導入するクラスが多かったこと（90.3％）、少数精鋭の選抜英語演習では、レポート、学習日記など、提出物も評価対象にするクラスが多かったこと（72.7％）である。それぞれの教員が、授業科目の特色によって、試験の実施形態・回数を選んでいることが分かる。その他の工夫として、「インタビュー」「プレゼンテーション」など、筆記試験以外のものや外部試験の「TOEICの模擬試験」を定期試験に導入している例も見られた。

　考察
・成績評価が学生に与える影響
　吉岡（2002, p.37）は、論文「国際的視点から見た日本の大学」で、次のように指摘している。

> 日本の学生は多くの場合、授業に何度も欠席しても、通り一遍の期末試験を受けるだけで単位を取得できる。それに対してアメリカでは大量の宿題が課せられ、単位認定も厳しい。―中略―このように成績評価がいい加減であるため、日本の大学の卒業証書は、その知的能力の品質保証書としては社会的に通用しない。『優』『良』『可』の成績評価も当てにならない。そこで企業は、入学試験で発揮した能力を信用して、有名大学卒業者を優遇する傾向がある。

　また、平成15年度『全学教育科目担当教官要項』の「成績報告書等について」（p.39）によると、出席が実授業数の3分の2以上でなければ、試験を受けることができないことになっている。しかし、この規則の実際の運用については、各教員に任されており、大人数クラスでは授業中に出欠を取るだけで、時間がかかってしまう。
　今回分析したシラバスの中には、欠席と遅刻に対して警告しているもの、個別にルールを設定しているもの（成績評価の上で、出席点を与える、また

は、欠席・遅刻は減点する、一定の時刻より遅刻した者は出席を認めないなど）も見られた。シラバスに記載していなくとも、授業中に出席のルールについて、学生に告げている場合もあるだろう。また、小テストや提出物、授業での発表が出席がわりに使われている場合もあると考えられる。

　大学の成績評価のあり方について、卒業生はどう見ているか。理学部の卒業生（卒業後１年〜５年、８年後、15年後の７学年の卒業者全員）を対象にした「卒業生へのアンケート」（伊藤, 2003）では学生と社会に対する説明責任（アカウンタビリティ）が求められ、シラバスを充実し、客観性のある内容にすること、学生からの説明に対応し、その後のケアの必要性、バランスのとれた成績評価システムの検討が必要、としている。

　たとえ過去には「就職との関係—重大な関係なし」（宮原, 1999, p.261）傾向にあったとしても、終身雇用制が崩れ、大学名だけでは入社できない昨今では、大学で何を学んできたかが重視され、成績も加味されることも考えうる。また、入学時に所属先が決定していない文学部，経済学部経済・経営学科、理学部物理学科、農学部については、１年次終了時または２年次前期終了時に専攻や所属コースが決定される。定員以上の志望者があった場合には、それまでの成績により選考のうえ決定されることになる。奨学生や海外の大学への正規留学を考える学生にとっては、成績評価が選考に影響を与える。九州大学の全学教育では第一外国語の単位が大きなウェイトを占めており、「一度取得した単位は、学生の希望によって取り消すことができない。また、一度修得した単位をさらに修得することができない（『平成15年度全学教育科目担当教官要項』）」ため、成績評価を与える教員は、学生の将来に対する影響を十分に認識し、説明責任を果たさなければならない。

・テスト結果のフィードバック、テスト内容のデータベース化の必要性

　「平成15年度全学教育科目担当教官要項」（九州大学全学教育機構, 2003, p.15）によれば「可能であれば試験答案等は本人に返却するよう、心掛けること」になっている。しかし、定期試験後には講義がないため、特に九州大学内に研究室を持たない非常勤講師などにとっては、個々の学生に答案を返

却するのが物理的に困難な場合もあるが、学生にとっては、自分の学習に対する講師からのフィードバックを受け取る機会を逃してしまうことになる。試験を学生の到達度を測定するチャンスとして、学生や教員自身やさらに、九州大学の英語科全体の今後の学習・指導上の指針にするということを目的に考えるのであれば、定期テスト後に学生にフィードバックを与え、定期テストの問題をデータベース化することも一考に価する。

　定期試験のすべての問題が公開されているわけではないため、試験分析に必須である「信頼性」「妥当性」「実用性」「波及効果」「コース目的と試験の一貫性」「採点方法」「おもしろさ」「(レベルがバラバラなクラスで、それぞれのレベルの学生の程度を見るために) 不均質性」(Brown,1995; Ur,1996) については、分析できない。テスト問題のデータベース化によって、テストを分析でき、教員内の情報共有のため、また、試験問題の質向上のためにテスト作成のガイドラインに役立てられる。

5.6.6　講義の工夫

　オンラインシラバス分析を通じて各教員が自分の講義に様々な工夫をこらしていることがうかがえる。コンピュータ、オーディオビジュアル教材の導入が明言されているものの他に、特筆すべきものは以下のとおりである。

(1)エクストラ・アクティビティ
　課外授業、TOEIC セミナー参加やゲストスピーカーの招待
(2)専攻、学年への配慮 (Vertical Syllabus, Horizontal Syllabus)
　専攻に合わせた教材の選択、また、一年生に授業参加や家庭学習の心構えや学習ストラテジーを指導する内容。

　多くの授業科目がクラス固定制であることから、有意義な特別活動については、全学的に取り入れ、すべての学生が自由意志で特別活動に参加できるような配慮が望まれる。

5.7　オンラインシラバス分析のまとめ

・講師の配置（日本人・外国人の比率）
　2002年度当時のカリキュラムでは、時間割の編成が難しいため、日本人・外国人のどちらがクラスを担当するかは考慮されていないのが現状であり、クラス固定制の利点が十分に生かすことができていない。日本人教員と外国人教員の特性を生かした講師配置の検討が必要である。

・「総合英語演習」「英語特別演習」（EGP）の「指導技能」と「取り扱いテーマ」
　シラバスからだけでは実際にどの技能を指導しているかは判別するのは難しいが、外国人教員と日本人教員ではシラバスで言及している技能に明らかな差があることが分かった。外国人教員が授業を受け持つ方が取り扱うスキルの種類が多く、日本人教員は「受容」重視、外国人教員は「オーラル・コミュニケーション」重視という特徴がある。取り扱いテーマは多岐に渡るが、固定クラスということを考えれば、テーマについても個人の裁量に任せるのではなく、全体的な視点が必要であることが分かった。

・使用教材
　調査当時、テキストは「英米言語文化演習Ⅰ」を除き、教員による自由選択になっていたため、同一科目でもテキストが多種に渡っている。テキスト名からだけでは学習内容が量りかねるため、詳細な分析はできなかったが、日本人担当クラスで、TOEIC対策のテキストを使用している、また、外国人担当クラスでは、英会話のテキストと考えられるテキストを使用している傾向が見られた。テキストの名称から、英米の言語・文化を素材にした教材が多い。
　進藤（1996）は、東洋英和女学院の英語教育改革の試みとして、教科書の選定に関して、使用する教科書が日本語による説明を含まないものとするた

めに必然的に外国の EFL の教科書を推薦していることを紹介している。そして、EFL 系教科書の問題として、教科書の作者がアメリカ人かイギリス人であることが多いため、取り扱う地域に偏りが出る、すなわち、アメリカ事情、イギリス事情一辺倒になりがちであり、他の地域に対する目配りがあっても、その地域の文化や社会に対する情報が時代錯誤であったりする点を指摘している。

多くのアジア系留学生を抱える九州大学では、その特色に合わせて、日本を含むアジアの文化を英語で学び、発信する教材作成を提案したい。

・学生の成績評価

成績評価は各教員に委ねられており、同一科目でも教員によって評価方法が違う。今後、成績評価が学生に与える影響や説明責任を十分に認識することが必要であり、テスト結果のフィードバック、テスト内容のデータベース化も有益である。

5.8 旧カリキュラムのプログラム評価と提言
― 学習者支援と教員サポートシステム ―

この分析を通じて、全学教育の言語文化科目Ⅰの現行の英語プログラムは、典型的な日本の大学英語のスタイルであることが分かった（表5-14）。シラバスデザインや使用教科書や授業での使用言語、定期試験の内容は教員の自由裁量に任されており、四技能の訓練も個別的に行われている。九州大学の英語教育が抱える問題は、日本の他の大学の多くが直面しているものと同じであることが想像される。調査当時、「言語文化科目Ⅰ」の英語のプログラムでは、新しい試みとして、すでに共通教科書の導入、工学部の学生対象の技術英語が開講されてはいたが、全体的なコースの体系性はまだ不十分であり、改善の余地があった。

九州大学の全学教育の英語のプログラムの最大の問題点は、(1)英語科の具体的な共通目的（Goal）の欠如、(2)学生の多様なレベルやニーズへの配慮不

第5章　全学教育英語のオンラインシラバス分析

表5-14　大学英語教育の実態：日本の大学の一般的傾向と言文Ⅰ英語の比較

	日本	言文Ⅰ英語
クラス編成	専攻分野別クラス編成	専攻分野別クラス編成
カリキュラム	コース ― 体系性不十分 シラバス ― 個々の教員の自由	コース ― 体系性不十分 シラバス ― 個々の教員の自由
四技能の訓練	個別的	個別的
教科書	個々の教員の自由裁量	個々の教員の自由裁量 （共通教科書を採用している英米言語文化Ⅰを除く）
授業の言語	自由	自由
試験	教員個人が出題・採点	教員個人が出題・採点
継続学習	専門英語ほとんどなし。あっても、多くは選択科目	専門英語は工学部機械航空工学科の2年次後期以降の学生が対象の「技術英語」のみ。
基本精神	教員個人の自治 教養主義と実用主義の共存	教員個人の自治 教養主義と実用主義の共存

足の2点であることが分かった。より良い英語教育を提供するには、多様なニーズ・レベルの学生について考慮しつつ、共通目標を定めその目標達成に向かって、「接続的」「継続的」「国際的」な大学英語教育を実現するシラバスデザインが必要である。

　以下に、オンラインシラバス分析によって判明した2002年当時の全学教育の英語プログラムについての問題点を述べる。

問題点1：英語教育の共通目的、具体的目標の欠如
　シラバス分析により、当時のプログラムでは同一授業科目の中でシラバスデザイン、教材選定でかなりバラつきがあることが分かった。学生側から見れば、同一授業科目を履修していてもどの教員に当たるかで、授業内容、成績評価が大きく異なることから、不公平感が生じている。ひいては動機づけ

の減退を引き起こしていたことが予想される。「5.4　分析上の制約　(1)コース共通目的、具体的目標の欠如」で前述のとおり、当時の九州大学の全学教育の英語プログラムには、英語科の具体的な共通目標がない。「平成15年度全学教育科目履修要項」では、「九州大学教育憲章」とならび、全学教育の目標を「一般的目標」と「授業科目ごとの目標」を記載しているが、全学教育の英語科共通の目標はなかった[23]。そのため一貫した系統的カリキュラム（または方針）が不在のまま、教員それぞれがシラバスを手探りで作成しなければならなかった。以下に、英語科のカリキュラムを策定する前に必要とされる目標を図5-1「目標相互の位置づけ」として示す。

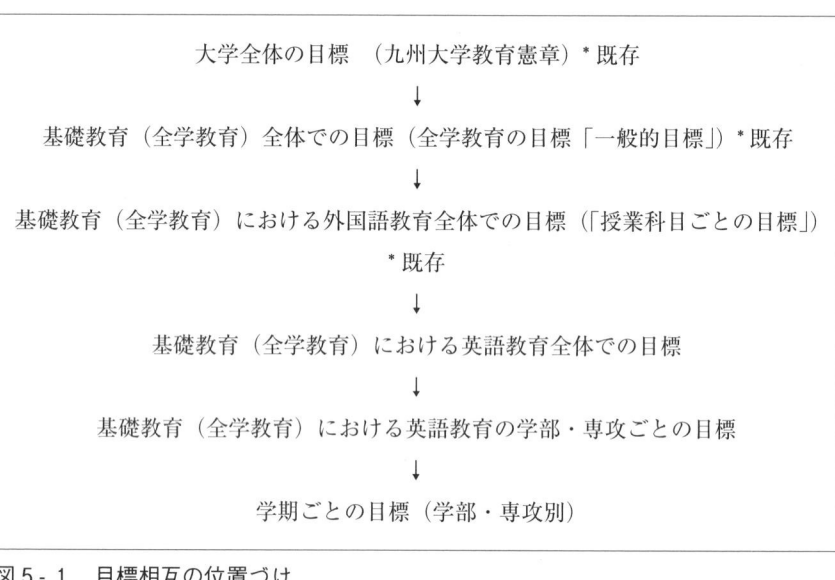

```
大学全体の目標　（九州大学教育憲章）＊既存
              ↓
基礎教育（全学教育）全体での目標（全学教育の目標「一般的目標」）＊既存
              ↓
基礎教育（全学教育）における外国語教育全体での目標（「授業科目ごとの目標」）
              ＊既存
              ↓
基礎教育（全学教育）における英語教育全体での目標
              ↓
基礎教育（全学教育）における英語教育の学部・専攻ごとの目標
              ↓
学期ごとの目標（学部・専攻別）
```

図5-1　目標相互の位置づけ

専門教員からの助言やニーズ分析の結果をもとに、各教員および学生に対して、この6つの目標を公表し、その実現の手法を策定する。各教員はこの

23　新カリキュラムになり、全学教育における英語教育をEAPと位置づけるようになった。（志水, 2006）

6つの目標達成を念頭に置きながら担当科目の達成目標を決定し、それに合わせて教材を選定し、シラバスのデザイン、評価方法を決定する。6つの目標を教員と学生に周知し、シラバス作成や教材選定、成績の評価方法については、教員向けの英日併記の詳細なガイドラインやチェックリストを作成し、学生に選択の余地のない科目については、同じ授業科目でクラスによって内容に極端な差が出ない工夫も必要である。

問題点2：学生の多様なニーズ・レベルへの配慮不足

　学生個人に合わせたきめ細かい学習指導を行うためには、まず、学生の多様化に対処する必要がある。しかしながら、2002年度当時のプログラムでは、クラス固定制のため、学生の多様化に対する対処が難しいことが明らかになった。今後は、ますます、大学の国際化に伴い、外国在住・滞在経験のある学生が増え、学生の英語のスキル・レベルは多様化していくと考えられる。文部科学省は高校での留学を推進する方針であり、社会人学生、SELHi卒業生の学生も増えることが予想される。また、全科目を英語で学んできた帰国子女、インターナショナルスクールの学生も国立大学への入学資格を得ており、その他の外国人学校の受け入れも進んでいく。文部科学省のカリキュラムに基づいて日本の教科書を英訳した教材を使って教育する、いわゆる英語イマージョン校を卒業した学生の入学も考えられる。

　従来の日本の大学入試の制度内での英語の考査というテスト基準だけで新入学生の総合的な英語力が十分に図れていたとは言えないが、その反面、英語の考査を全く受けずに推薦・AO入試で入学・編入している学生もいるため、大人数クラスでの英語の一斉授業についてこられない学生の選別が行われていない。従来の日本の大学で少数派であった、英語の読み書きが日本語のそれよりも得意な学生が増える一方で、日本の高校程度の英語をマスターしていない学生も増加していくことが予想される。そのため、「中学、高校で6年間、日本人教員から文法訳読法により日本語で英語を習い、ほとんど日常生活で英語に触れることもなければ、海外渡航経験がない、同じ年齢集団のグループ」と一般化して集団で扱うことは難しい。たとえば、英語は英

語として理解できるが、和訳は苦手という層も出てくることを考えると、成績評価を「英文和訳」力だけに限られた場合、日本語の表現力評価に陥るおそれもある。しかし、日本の大学では、専門課程や大学院進学後、英語と日本語を四技能で行き来できる能力も必要である。英語を英語で考える能力だけが、専門進学後や、卒業後の日本の社会で求められているものではないと考えられるが、これについては、詳細なニーズ分析が新たに必要となる。

再履修学生向けに開講されている英語特別演習の授業内容、到達目標についても、教員に一任されていたため、クラス間で統一が見られていなかった。まずは、大学の低学年次の学生に必要な英語のスキル・レベルについて、専門教員のアドバイスを受けながら、英語教員内でのコンセンサスを得る必要がある。

問題点3：英語教育の「接続性」「継続性」「国際性」への配慮の欠如
・接続性

文部科学省は、「国民全体に求められる英語力」として、「中学校・高等学校を卒業したら英語でコミュニケーションができること、高等学校卒業段階で日常的なことについて通常のコミュニケーションができる（卒業者の平均が英検準2級〜2級程度）ことを目標にし、外国人の英語科指導助手の増員を計画している。また、平成18年度には、大学入試のセンター試験でのリスニングの試験が導入された。今後、小学校への英語教育の正課としての導入も考えられる。

そのため、英語のアルファベットも知らずに中学に入学するものが減るのと同様、外国人教員に全く接したことなく大学に入学する学生もいなくなる。学生によっては長期間にわたり英会話を学んでいる者も増えることから、いわゆるサバイバルレベルのスピーキング・リスニングを中心とした日常英会話を九州大学で必修の単位として認める必然性はなくなる。既習項目について同じアプローチで類似した教材を使用し、しかも、大クラスというさらに悪い環境で習うとなれば、学生の動機づけが失われるのは当然である。

金森（2003, pp. 188-195）は、『小学校の英語教育―指導者に求められる理

論と実践』の中で、小学校からの英語教育が中学、高校、大学の英語教育に与える影響と、小・中・高・大の英語教育の連携について、次のように主張している。

> 大学英語教育に対する批判は強く、その改善が求められている。主に母語話者だけを講師にした英語プログラムを売りにした大学もでてきているが、今後はその内容も問われることになるはずである。高校までに積み上げていく内容にするためには、学生の専門との関係まで考慮した指導内容にする必要が出てくる。つまり、ESP）であり、その実施のためのEAPである。― 中略 ― 小学校から英語を始めた子どもたちが大学に来るころに入門英会話のようなことをやっていてはどうしようもない。学生の専門に合った英語による教育が当然のこととして求められる。

中学校・高校での英語教育が変われば、大学における英語教育も大きく変わらざるを得ない。しかし、九州大学には大学付属の小学校、中学校、高等学校を持たないため、大学入学までの英語教育については十分なデータ・情報を学内で定期的に得ることは難しいのが現状である[24]。

・継続性
シラバスから判断して、専門での教育内容を意識した授業を計画している教員は一部であり、各教員の判断に任されている。これは、担当クラスの学部・学科が決定される前に、それぞれの教員が教材やシラバスをある程度事前に考えておかなければならないため、しかたのない面もある。授業の開講前に時間的な余裕がなければ、継続性を配慮したシラバスデザイン、教材選定をするのが難しい。これは九州大学に限らず、日本の大学の多くの英語プログラムに共通する問題と思われる。

24　九州大学言語文化研究院では、不定期で九州各地の高校の英語教員を招いて高大連携セミナーを実施し、英語教員どうしの意見交換の場を提供している。

・国際性

　日本で市販されている大学教育向け英語教材の内容は、英国系・米国系の出版社のもの、日本の出版社のものを問わず、英・米の文化に偏りがちであることが明らかになった。

　鈴木は、慶応義塾大学 SFC の英語プログラムについて述べた『英語教育のグランド・デザイン』（2003, pp.148-149）で、英米のエリートを目指した20世紀の英語教育の問題点を以下のように指摘している。

> 「20世紀の英語教育は、ネィティブを手本に英語を話したり、書いたりすることを目標にした。これが訳読教育に繋がった。21世紀に入ると事情が変わってきた。世界の国々から日本の顔が見えない、声が聞こえないという批判が上がりはじめた。一生懸命真似ごとで済んだ時代は終わり、主張しなければならない時代に突入した」

　そして、日本の大学で外国の学者の授業を聞いていた若者が直接外国の大学に行き、アメリカの大学が授業をオンライン化して売り始めている大学のグローバリゼーションの現状から、今後、日本の大学はアジアの視点が必要であると説く。

> 「日本の大学が生き残れるとしたら道は限られている。ひとつはアジア独自の視点で学問を見直すことである。アジア・バージョンの学問を広げることである。もうひとつ、外国から買うオンライン授業は知識伝授型であり、外国の有名学者の理論を学ぶだけである。よって、問題発見・解決型の発信型授業で立ち向かえばよい。すなわち、アジアの視点で問題発見・解決型の授業を行えばよい」

　大学の教員、学生ともにアジア諸国の学界でのサバイバル言語としての英語という認識を持つことが必要である。これまでは採用されている英語教材は英米文化に素材を採るものが多いが、今後は日本やその他のアジアの諸国

の文化を紹介するものも積極的に採用し、英語の授業を介してアジアの大学生としての文化を読み解く力（Cultural Literacy）を学生に身につけさせなければならない。そして、アジアの他大学との連携を推進している九州大学の場合は、さらに、専門課程に進学後、学生がアジア諸国の学生たちと、英語を使用して同じ講義を聴き、共同研究をすることを念頭に置き、その基礎作りとして、英語教育を通じた「国際性の涵養」を目標にすべきである。

　以下に、今後のカリキュラム開発についての提言を述べる。なお、提言1の実施時に具体的に取り組むべき課題については「第3部　大学英語のプログラムデザイン・教育実践への示唆 ―『接続的』『継続的』『国際的』なカリキュラム開発の視点から」で後述する。

提言1：「接続性」「継続性」「国際性」への考慮
・接続性のための提案
中学、高校の付属学校を持たない大学においては、特に地域の小学校、中学校、高校と積極的に連携をはかり、定期的な交流を実施が必須である。地域の中学校、高校（今後は小学校も含め）の英語の授業で具体的にどういった教材を使用し、どの程度の授業時間数を割き、どの程度の学習目標（語彙数、文法項目など）を掲げているか、データベースにし、英語の教員間で相互に利用できるよう共有化することも連携の一助となるだろう。交流の結果、得られたデータや情報は英訳し、外国人教員と共有することが必要である。なぜなら、外国人教員の多くが、日本の大学の教育現場でのみ経験を積んでおり、大学入学までに中学や高校でどういった学習内容を習得してきたか、どういった選考を経て入学・編入してきたか、具体的に知る機会が日本人教員に比べて極めて少ないため、授業内容として日常英会話を教えている可能性も考えられる。東洋英和女学院大学では、「外国人教員は日本の大学生のレベルをよく知らない場合もあるので、日本全国で使われている高校英語教科書の主なものを集めて展示するとともに、東洋英和女学院中・高等部での使用の英語テキスト、副教材の一覧表を配布している。（鳥飼, 1996, p.126)」が、これなどはすぐに導入できる試みの一つである。

・継続性のための提案
専門教育や卒業後の継続性については、現在実施中のFDやニーズ分析に加え、専門教員による英語の授業観察やカリキュラム評価の導入も提案したい。「外国語教育ニーズ分析のための予備調査報告（仮題）」（九州大学外国語教育ニーズ分析研究グループ, 2007）によれば、専門教員の中には九州大学卒業者も見られ、教員自身が学部生時代に受けてきた英語の授業経験から意見を述べている例があり、現行の全学教育の英語の授業の実態があまり知られていないという印象を受けた。オンラインシラバスと合わせて英語の授業を専門教員に公開し意見交換する機会があれば、さらに実情に応じた有益な意見を得られることと思われる。

・国際性のための提案
言語的な変種としてのアジア英語の紹介や、日本との違いを強調する単なる異文化紹介に終わるのではなく、アジア各国・地域の現在を考えさせる内容を扱った英語教材の開発を提案したい。これは、英語科が単独で作成するのではなく、言語文化研究院のアジア言語・文化を担当する教員や、アジア諸国・地域からの留学生の支援も有用である。

　また、英語の授業のゲストスピーカーとして、九州大学に在籍中の留学生の中から、アジア諸国の留学生を積極的に活用することも考えられる。シラバス分析の中で、準ESPとして、理系向きの教材を使用する教員も散見したが、専門教員でない英語教員が専門的な内容説明をするには限界がある。たとえば、九州大学の大学院に留学中のアジアのESL諸国・地域の留学生にゲストスピーカーとして参加してもらい、工学部には工学部の留学生が担当するというように、学部・専攻固定制の英語のクラスに参加してもらって、専門課程の内容や出身国・地域の事情を英語で話してもらう機会を作れば、専門課程での英語のニーズを学生自身が認識でき、動機づけも強化できる。

提言2：学生のための学習支援プログラムの開発
　全学教育の英語で学習者を中心とした学習支援をしていくために、リメ

ディアル（補習）クラスの開設と、個人の目標の設定、またそれに基づく学習カルテの作成を提案する。

・リメディアル（補習）クラスの開設[25]
　学生の英語力の最低レベルを保証するシステムづくりとして、英語の学習支援が必要な学生を広く受け入れるクラスの開講を提案したい。調査当時、英語特別演習は教員の自由選択に任されていたため、内容・レベルに統一が見られていなかった。今後、徹底的な EGP に限定した補習クラスを開講し、学生が専門課程に進むまでに最低限のスキル・レベルをクリアさせる。これによって、将来、専門課程に進んだ後、学生が原書購読や英語による講義についてくることができない、また、専門分野では優秀であるのに、英語力のなさのために大学院進学ができないという学生側の不利益をある程度解決することができる。

・個人の目標の設定とそれに基づく学習カルテの作成
　大学入試合格後、低学年次の日本人の学生の多くが、何のために英語の学習をするのかという目標を失っているのが現状である。日本における英語学習の目的や理由が希薄なため、学習意識に切迫感を欠いている。これでは、TOEFL の成績で、同じ EFL 国である中国や韓国の学生より、日本人の学生が劣るのは当然である（宮原他、1997）。就職や大学院入試など、自分の将来の進路について実感として感じられない低学年次の学生が、具体的な目標もなく、自分の現在のレベルも知らずに、日常使用することもない外国語の家庭学習をおろそかにしがちなのは容易に想像できる。また、2002年当時、九州大学では全学的に学生ひとりひとりの英語力を測る定期的な学習者評価 (Learner Assessment)[26]は行われていなかったため、大学入試の受験後、本

25　より具体的な提言は、第９章「英語教育の「接続性」を目指す学習者支援：初年次英語教育におけるリメディアル教育のニーズと課題．」参照。
26　九州大学全学教育では、2006 年度より学生に TOEFL の受験を義務付けるようになり、クラス編成時の参考にしている。

人が学外で TOEIC、TOEFL、実用英検などの資格試験を受験する、英会話学校に通う、海外に語学留学をするなど、学生本人が自分の意思で自分の英語力を把握しようとしない限り、大学側だけでなく、当時は学生自身も自分の現在の英語能力を把握できていない状態だったと思われる。

　Ellis（1994）は第二言語習得時の学習者の外的要因として、社会的要因、インプットとインターアクションを挙げている。社会的要因については、英語の教室を一歩でると、英語を使用することはほとんどないという EFL 環境であるため、教室の内外での大量のインプットとインターアクションが必要である。九州大学の全学科目では、他の外国語科目に比べて英語の授業数が多いと言っても、90分1コマ、週に1～2コマしかないのが現状である。学生が英語力を維持・向上させるためには、自己学習による大量のインプットを前提にして、大学の授業はその学習結果の発表の場、他の学生とのインターアクションの場であるいう位置づけでなければ、目に見える効果は期待できない。

　ここで、学生が個人の目標に向かって継続的な英語学習を実行することを支援するために、まず、各学生に長期的目標（進学後、卒業後）、短期的目標（半期ごと）の英語学習の目標（学習時間、TOEIC・TOEFL・英検などの数値目標と、スキル別の目標）を自由に決めさせ、それに基づいて日々の自己学習の内容を決定し、半期毎に自己評価する学習カルテの作成を提案したい。ここで提案する学習カルテには、長期目標、短期目標、目標を達成するための自己学習の内容と自己評価だけでなく、九州大学での英語の履修記録とその成績評価、学内外で受けた英語の資格所得、語学・交換留学などを書き込み、学生が九州大学で4年間以上の在学中に自律的な語学学習をするために使用することを目的とする。カルテを定期的にティーチングアシスタントがチェックし、英語の担当教員がクラスの学習カルテのコピーを自由に閲覧できるようにすれば、教員のシラバスデザインやクラスマネジメントにも有効だと思われる。

提言3：教員に対するサポートシステム

　九州大学内の新しい試みを報告した「農学研究院・言語文化研究院合同FDを実施して」（山田, 2002）では「言語文化IIの認知度が低い」ことと、「九州大学の学生は就職に弱い」ことが指摘されている。こういった専門教員側からの貴重な意見、提案や情報は、専任・非常勤、日本人・外国人といった区別なく、英語の授業を担当する教員内で共有することが望ましい。授業を行うに当たって有益な情報をすべての講師に伝え、意思統一をはかることが重要である。開講前に授業を担当する全教員に対して、担当のクラスについて、その専攻学部・学科と英語のレベル、今まで（前学期まですべて）受けてきた英語のクラスのクラス名、目標、シラバスと教材、試験の内容を知らせる機会を設けるべきであろう。また、週2回授業を受けているクラスの場合は、もう一方のクラスについての情報のプロフィールを教員に配布することを提案したい。これにより、過去や現在の授業との重複が避けられ、今まで学習してきたことを積み上げる形で、現在受けている他の英語と試験内容、スキルや教材が重ならないようにしつつ、より効果的な英語の授業作りを目指したシラバスデザインを作成することができる。

　英語教員に対するサポートシステムの一環として、日本人教員と外国人教員間を含む英語教員内だけでなく、英語教員と専門教員間の相互支援と情報交換の場があれば、英語の授業がさらに継続性を意識した内容になり、また、九州大学のESP/EAPを導入する土台づくりになるだろう。オンラインシラバスだけでなく、九州大学の入試や定期テスト、教材などをデータベース化するのも有用である。

　このほか、Richards（2002, p.212）は、効果的な指導を提供するための教師への支援として、以下の11項目を挙げている。ESL環境を想定した項目であるため、日本の大学ですべての項目をすぐに導入するのは難しい。しかし、日本の多くの大学では非常勤の英語教員にFD研修の機会を提供していない実情を考えると、大学の英語教育における均等な質確保のために以下の推奨項目は参考になる。

・オリエンテーション
　プログラムの目標、アプローチ、リソース、予期される問題と解決策を明確化するため、新規採用の教員向けに必須。
・教材
　市販のものであれ、大学が準備するものであれ、良い教材が必要。教材の選択には教員も関与すべきであり、プログラムでの教材の役割について、ガイドラインが必要だと思われる。
・コースガイド
　コースに関する情報、目的と目標、推奨する教材とメソッド、学習活動の提案、評価の手順について、各コースごとのコースガイドを提供するべきである。
・責任の分担
　授業以外の義務については、適材適所で分担。
・研修
　教員は必ずしもプログラムが必要とする特別の知識やスキルを常に保有しているわけではないので、ニーズを満足させるため、特別研修にスタッフを選別して送ることが必要。
・授業からの解放
　教師が、教材開発やメンタリングなどの重要な役割を担当する時は、その業務に専心できるよう、授業担当から免除する。
・メンタリング
　経験豊かな教師が、あまり経験のない教師に対してアイデアを提供し、問題を共有し、アドバイスを与える。
・フィードバック
　教師は授業がうまくいっているか、問題があるかを知る必要がある。否定的なフィードバックの場合、建設的で、脅迫的でないフィードバックを提供する方法を考えなければならない。
・報酬
　授業のパフォーマンスが優れている教師はその業績が評価されるべきであ

る。報酬の形態としては、会議や研修への派遣、教員の公報で名前を発表などが考えられる。

・ヘルプライン

　教師は比較的孤立した状態で、長期間働かなければならない。問題が発生した時に、その問題の種類毎にだれに助けを求めれば良いか、正確に知っておく必要がある。

・レビュー

　プログラム、問題解決、コースの反省について、定期的なレビューに時間を割くこと。レビューは現実の問題を解決し、スタッフ間で協力しようという意識を育むのに役立つ。

5.9　まとめ

　この章では、九州大学の全学教育の「言語文化科目I」を研究対象に、2002年度のオンラインシラバスを分析した。その結果、当時の英語プログラムは、典型的な日本の大学英語のスタイルであることが分かった。シラバスデザインや使用教科書、授業での使用言語、試験が教員の自由裁量に任されており、四技能の訓練も個別的に行われていたことから、英語科共通の目標（Goals）の欠如、学生の多様なニーズ・レベルへの配慮不足、英語教育の「接続性」「継続性」「国際性」への配慮の欠如という問題点が明らかになった。

第6章
大学必修英語の再履修学生に関する調査と考察

6.0 はじめに

　この章では、まず、調査の背景を述べる。次に調査の方法について、その実施時期と調査対象大学について述べる。そして、調査結果について、「英語再履修クラス在籍の学生の多様性（第一言語、英語資格試験取得状況、大学入試の種類と英語の試験科目の有無）」と学生の再履修クラスに対する態度（再履修原因に対する自己認識、英語再履修クラスに対する意見・感想）」の2点から分析する。

6.1 調査の背景

　近年、データ（国際的に見た数学力や英語力の比較や中学，高校での英語の語彙・文法の習得項目数の減少）や、教師の感想（授業中の学生の態度、授業参加度、動機づけの変化、小テスト・期末テストの点数）を元に、「日本の大学生の学力が低下している」と指摘されている。（大野, 上野, 2001; 戸田, 西村, 2001）。

　日本の大学英語教育における必修英語（主に1、2年の低学年時に履修）のクラスでは、かつては、日本人教員による大人数クラスの講義形式の文法訳読法による原書購読が主流であった。しかし、現在では日本の各大学の大学生の学力低下に対応すべく、学生や社会のニーズに応え、学生の英語力を向上させるため、様々な試みがなされている。たとえば、CALLシステムの導入（竹蓋, 水光, 2005）外国人教員の採用増、外部の英語能力・資格試験（TOEIC、TOEFL、実用英検など）や語学留学の単位認定化、より実用的で現実社会での使用に即した教材（テレビ、DVD、ビデオ、雑誌）の導入、

到達度別クラス分けの実施、共通テキスト・テストの使用、学生による授業評価システムなどが挙げられる。（第5章）

しかし、大学や個々の英語教員からの学生への積極的な働きかけにもかかわらず、依然として、大学や各教員が設定したレベルの一定の成績を修めることができず、単位を取得できない学生の層が存在する。この単位未修の学生に対する大学の救済策として各大学では(1)「再履修用特別クラス編成（再履修者だけを集めて一斉に授業をする）」(2)「通常クラス編入（下級生に混じって、同一レベルのクラスを繰り返して履修させる）」(3)「代替科目認定（コンピュータによる学習、英語検定資格の取得級やスコアを単位化する）」などの対策を講じている。（津田, 2005b）

本章では、大学英語のリメディアル教育の現状と課題を探るため、必修英語の単位未修の学生に対する救済策として、上記カテゴリーのうち、(1)「再履修用特別クラス編成型」と(2)「通常クラス編入型」を採用している九州地区の3つの大学において、4クラス（日本人教員担当3クラス、外国人教員担当1クラス）で、再履修クラスの学生134名を対象に質問票による調査を実施した（巻末、資料参照）。本章では質問項目のうち、「英語再履修クラス在籍の学生の多様性（第一言語、英語資格試験取得状況、大学入試の種類と英語の試験科目の有無）」と「学生の再履修クラスに対する態度（再履修原因に対する自己認識、英語再履修クラスに対する意見・感想）」の2点について、分析する。

6.2 調査の方法

6.2.1 調査の時期・手順

2005年度の後期授業が始まり、各学生が最終的な履修登録を済ませたと考えられる、開講から4回目もしくは5回目にあたる10月中旬から下旬にかけ質問票による調査を実施した。学生に対する面接、授業の観察は実施しなかった。筆者は、再履修者を個別に面接することで、学習者の不安感を煽り、再履修クラスに在籍しているという「マイナスのイメージ」を強化したくな

いと考えたためである。学習者に対する調査を実施する時、面接と質問票では、それぞれに長所、短所があるが、一般的に、面接では100％の匿名性を保つことが難しい（Brown, 2001. p.74-77）。また、学習者の年齢から見ると、児童や10代の若者に比べて、大学生という成人学習者は、学校で失敗や批判を経験すると、ある言語を学ぶことに対して不安を覚え、自信を失いがちであることが指摘されている（Harmer, 2001. p.40）。Dörnyei, Z.（2003, pp. 97-99）は、「学業成績の影響は知力の発達だけに限らず、学生の自尊心全般と、クラスでの社会的地位にも影響を及ぼす」ことや、「ある教科で失敗すると、個人的に失望するだけでなく、社会的に恥ずかしい思いをする」ことから、外国語のクラスルームでの動機づけ戦略の1つとして、学習者がプラスの社会的イメージを維持するようにしなければならない」と主張している。

　日本での再履修クラスの担当教員については「専任教員・非常勤教員」、「日本人教員・外国人教員」と、立場などが異なるため、各大学のシステムについて十分に知らされていなかったり、意思決定ができる立場ではなかったりする。各教員が自分から希望して再履修クラスを担当しているわけではなく、「たまたまその曜日のその時間のクラスが割り当てられている」現状を考慮して、教員に対する質問票の配布、面接も実施していない。

　回収率を上げるため、授業開始後の初めの20分間を使って質問票の配布、記入、回収の一連の作業を実施した。作業実施者は、「当該授業の担当教員にする」「（ティーチングアシスタントがいれば）そのティーチングアシスタントが行う」か「調査実施者である筆者自身が行う」のいずれかの決定は、授業担当教員に判断を委ねた。「担当教員が質問票を配布することで、この調査が授業そのものと関係があると誤解されかねない」と判断し調査実施を筆者に一任する教員もいれば、「再履修クラスは自分のティーチングスタイルとかなり異なるため、担当教員以外のものが授業に入ることは好ましくない」との考慮から一連の作業を自ら実施する教員もいた。また、質問票には「回答内容によって、回答者に不利益が生じることはありません」との但し書きを記載しているが、質問票配布時に、口頭で「回答内容が成績評価に影響を及ぼさない」旨をさらに述べた。

6.2.2 調査対象大学・クラス

調査対象大学として、九州大学を含め、再履修クラスのクラス分けの性質が違う3大学を選んだ。

調査対象の学生134名が所属するのは、九州地区にある3大学4クラスで、その内訳は、九州大学の2クラス（外国人教員担当1、日本人教員担当1）（回答者数97名）、私立総合大学の文系1クラス（回答者29名）、私立単科（理系）大学1クラス（回答者8名）である。いずれも、週1回90分、1セメスター（学期）完結型のクラスである。

九州大学では学部の1、2年生で履修する必修英語では学部ごとに英語科目を履修しているが、再履修時には学部や学年を問わずに履修できる「再履修用特別クラス編成、学部学年混合型」を取っている。比較的学生が時間を割きやすい5時限目に開講しており、日本人教員が担当するクラスと外国人教員が担当するクラスとがあり、学生の都合やニーズに合わせて選択できるようになっている。日本人教員、外国人教員のどちらのクラスかを学生が選択できるのは、調査対象の3大学中で九州大学だけである。よって、九州大学の再履修クラスでは1年生から4年生まで、文系・理系を問わず、多様な学部の学生が履修している。受講者数制限を行っていないため、実際に学生が履修届けを提出するまで、1クラスの学生数がどれだけになるか、大学側も担当教員の側も全く予想がつかず、60名以上の大規模クラスになることもある。この調査では、日本人教員が担当するクラス1クラス（48名）と外国人教員が担当するクラス1クラス（49名）、合計97名を調査対象にした。

A大学は、私立総合大学という性格上、学部ごとに英語の英語科目のカリキュラム、クラス編成の方針が異なっているため、学部間で再履修者の扱いが違っており、「再履修者用に特別クラスを編成するか」それとも、「学年が下の学生と一緒に学ぶ、通常クラスに編入するか」は各学部によって違う。ただし、いずれの場合であっても、「学部固定型」であるため、クラスの学生数は九州大学ほどの大規模クラスになることはない。この調査では、文系の1学部の「再履修用特別クラス編成、学部学年混合型」の再履修クラスを調査対象とした。このクラスの担当は日本人教員だった。（下記、表内では

表6-1　再履修クラス編成上のカテゴリーとその利点・問題点

クラス編成の種類	長所	問題点
特別クラス編成、学部学年混合型	全員が再履修生であるというクラス内部での安心感。クラス編成がしやすい。	クラスの人数が多くなりすぎる上、再履修生ばかりのため、クラスの雰囲気が不活発になりがち。
特別クラス編成、学部固定型	全員が再履修生であるというクラス内部での安心感。学部学年混合型の特別クラスに比べて、少人数にできる。	再履修生ばかりのため、クラスの雰囲気が不活発になりがち。クラス編成が難しい。
通常クラス編入型	クラス編成がしやすい。再履修生は、他の学生から学ぶ機会が多く、刺激を受ける。	どの学生が再履修か分からない場合は、教員の方での配慮が難しい。学年が下の学生と学ぶため、クラス内で、劣等感を感じる場合もある。履修する学生側から見れば、通常の授業時間帯での履修になるため、時間割上、履修しにくい。

「私立文系」と表記）

　また、B大学のみが学年はじめに行う学内共通テストの結果を元に、初級、初中級、中級、中上級、上級の5段階に分けて、少人数の到達度別クラス編成を実施している。1セメスター（学期）で単位取得後は、次学期に1つ上のクラスに上がっていくシステムを採用しており、単位未修の場合は、同じレベルのクラスに残り、下の学年の学生と一緒に履修する「通常クラス編入型」である。この調査では後期の初級クラスのみを調査対象にした。前期の初級クラスで単位を取得した学生については、後期には自動的に初中級クラスに上がるため、後期の初級クラスでは8名全員が再履修学生である。初中級クラス以上になると、再履修学生が一般の学生に混じっており、どの学生が再履修であるか、学生同士は知らない場合もあるため、再履修の学生だけを指名して質問票を配布するのは教育効果上問題があると判断したためである。なお、調査対象の担当は日本人教員だった。（下記、表内では「私立理

系」と表記)

再履修学生向けのクラス編成を3つに分けると、九州大学の「再履修向け特別クラス編成・学部・学年混合型」、A大学の「再履修向け特別クラス編成・学部特定型」、B大学の「通常クラス編入型」となり、それぞれの利点・問題点をまとめたのが表6-1である。

6.2 調査結果と分析

以下、調査について、項目ごとに結果と、それに対する考察を述べる。

6.2.1 学習者の第一言語について

質問項目「最もあてはまるものに○で囲んでください。第一言語(母国語) (1)日本語 (2) 英語 (3)その他 (　　　　　)」

表6-2 学習者の第一言語

	私立理系	私立文系	九大日本人	九大外国人	全体
日本語	8名(100.0%)	27名(93.1%)	47名(97.9%)	45名(91.8%)	127名(94.8%)
英語	0名(0%)	0名(0%)	1名(2.1%)	4名(8.2%)	5名(3.7%)
中国語	0名(0%)	2名(6.9%)	0名(0%)	0名(0%)	2名(1.6%)
合計	8名	29名	48名	49名	134名

考察

3大学4クラス中、受講者全員が、第一言語を「日本語」と回答したのは私立理系の1クラスのみであった。他の3クラスについては、第一言語が日本語でない学生が、日本語を第一言語とする学生と一緒に受講していた。第一言語が英語と答えた回答者5名はすべて、国立大学の学生で、うち1名は日本人教員クラス、うち4名は外国人教員クラスを受講していた。第一言語が中国語と答えた回答者2名はともに、私立大学文系クラスの学生だった。このクラスは日本人教員が担当していた。

大学生の多様化が進み、「日本の大学一年生の英語力」について一般化して論じることは難しくなっている。近年、各大学では、各国からの外国人留学生の受け入れが盛んになり、外国人留学生の中には、出身国で英語をほとんど学習せずにきた者もいる。その一方で、英語を第一言語とする外国人教員で再履修クラスの担当を経験した者からは「英語圏からの帰国生やインターナショナルスクール卒業生など、英語が堪能と思われる学生が含まれていることもあり、なぜ、この英語再履修クラスにいるのか不明」という話も聞いていたため、この設問を加えた。日本の大学英語教育の場で、主に日本人教員が行う、日本語による「(文法訳読法による) 英文和訳の授業を行う場合、「母語に対する依存度が高いため、母語に注意が傾きすぎる (『英語教育用語辞典』, 白畑, 1999, p.130)」ことから、高度な日本語の表現力も必要となる。そのため、英語のレベル・スキルではなく、日本語のレベル・スキルが不足したために英語を再履修している学生が含まれている可能性もある。

6.2.2　大学入試の種類と英語の試験科目の有無

質問項目 a「あなたは、現在、在籍する大学の入試をどういった形態で受験し、入学・編入しましたか」

表 6-3　大学入試の種別

	私立理系	私立文系	九大日本人	九大外国人	全体
一般入試	5名 (62.5%)	12名 (44.4%)	43名 (93.5%)	45名 (91.8%)	105名 (80.8%)
推薦入試	1名 (12.5%)	11名 (40.7%)	0名 (0%)	0名 (0%)	12名 (9.2%)
AO入試	1名 (12.5%)	0名 (0%)	3名 (6.5%)	4名 (8.2%)	8名 (6.2%)
編入試験	0名 (0%)	0名 (0%)	0名 (0%	0名 (0%)	0名 (0%)
その他*	1名 (12.5%)	4名 (14.8%)	0名 (0%)	0名 (0%)	5名 (3.8%)
合計	8名	27名	46名	49名	130名

＊その他には、私立理系は、試験種別の記載なし。私立文系は、留学生試験 (1名)、指定校推薦 (1名)、センター試験 (2名) の記載があった。

質問項目 b 「上記の入試には、英語の試験科目がありましたか」

表6-4　英語の試験科目の有無

	私立理系	私立文系	九大日本人	九大外国人	全体
ある	2名（28.6%）	22名（78.6%）	41名（91.1%）	44名（91.7%）	109名（85.2%）
ない	5名（71.4%）	6名（21.4%）	4名（8.9%）	4名（8.3%）	19名（14.8%）
合計	7名	28名	45名	48名	128名

　本研究に先駆けて、予備調査を実施した時に自由回答欄に「高校入試も推薦試験だったので、英語を入試で経験したことが一度もないため、考慮してほしい」という記述があった。入学後、英語が必修科目となっている大学・学部が多いにもかかわらず、大学入試の選抜方法が多様化しているため、入試で英語を受験せずに（学生によっては、高校入試でも英語科目を受験せずに）入学してきている層がいる。私立理系クラスでは、統計としてみるには母集団が7名と小さいものの、7割以上にあたる5名の学生が大学入試で英語を受験しておらず、全体としてみると、128名中19名（14.8%）の学生が在籍大学の入試で英語を試験科目として課されていないことが分かった。

　テストには学ぶ機会を与えるという washback effect（波及効果）があり、(Brown, 2001)、入試を含む言語テストとその washback effect の関係について各国の研究者が調査している（Cheng 他, 2003）。筆者（津田）の今回の調査は、再履修学生のみを調査対象にしているため、現行の大学入試のwashback effect について分析することはできない。各大学がよりよい英語プログラムを提供するには、入試科目としての英語受験の有無と、入学後の学生の英語の成績のあいだに相関関係があるのかどうか、入学後に追跡調査をすることが有益である。しかし、実際には、以下の理由から、現状では調査の実施には困難が伴う。すなわち、日本の大学ではいわゆる「大学全入時代」を迎え、複数回の入試を実施している大学が増えているが、入試の種類ごとの受験者数や合格点、実際の入学者数などを公表していないケースが多いこと、大学入試での成績データを研究資料として使用するには個人情報の

保護の観点から問題があることなどである。

6.2.3 英語検定試験の受験経験の有無と取得級、レベル

質問項目 a「英語検定試験（TOEIC、TOEFL、実用英検、その他）を受験したことがありますか。

表6-5　英語検定試験の受験経験の有無

	私立理系	私立文系	九大日本人	九大外国人	全体
ある	1名（12.5%）	9名（31.0%）	26名（56.5%）	23名（46.9%）	59名（44.7%）
ない	7名（87.5%）	20名（69.0%）	20名（43.5%）	26名（53.1%）	73名（55.3%）
合計	8名	29名	46名	49名	132名

質問項目 b「あると答え方のみ，取得級，スコアについてお答えください」

表6-6　英語検定試験の取得級・スコア

	私立理系	私立文系	九大日本人	九大外国人	全体
実用英検	級不明1名	8名：内訳 準2級3名 3級4名 4級1名	17名：内訳 2級7名 準2級4名 3級4名 4級2名	19名：内訳 2級8名 準2級4名 3級5名 4級2名	45名：内訳 2級15名 準2級11名 3級13名 4級5名 不明1名
TOEIC®	0名	2名：内訳 401-500：2名	14名：内訳 601-700：2名 501-600：4名 401-500：6名 301-400：1名 201-300：1名	6名：内訳 601-700：2名 501-600：1名 401-500：1名 301-400：2名	22名：内訳 601-700：4名 501-600：5名 401-500：9名 301-400：3名 201-300：1名
その他	0名	0名	0名	国連英検C：1名	国連英検C：1名

「英語を第一言語（母語）」として答えた学生がいたように、再履修学生の中には，英検2級、TOEIC600点以上を取得している学生もいた（いずれも

九州大学の学生）ことから，再履修学生の英語のレベルは多岐にわたることが窺い知れる。英語の再履修クラスに在籍している学生、すなわち、英語が不得手な学生とは一概に言えないことが分かった。

6.2.4 受講原因の自己認識
・質問項目「今期、あなたが、英語特別演習クラス（再履修者・英語未修者向けクラス）を受講することになった原因は何だと思われますか」

表6-7 再履修クラスの受講原因の自己認識

理由	私立理系	私立文系	九大日本人	九大外国人	全体
A 出席日数不足	6名(75.0%)	18名(62.1%)	19名(41.3%)	21名(44.7%)	64名(49.2%)
B 定期試験の点数不足	1名(12.5%)	6名(20.7%)	12名(26.1%)	13名(22.7%)	32名(24.6%)
C 平常点不足	1名(12.5%)	0名(0 %)	7名(15.2%)	7名(14.9%)	15名(11.5%)
D 履修登録ミス	0名(0 %)	1名(3.4%)	0名(0 %)	1名(2.1%)	2名(1.5%)
E 時間割の都合	0名(0 %)	1名(3.4%)	4名(8.7%)	2名(4.3%)	7名(5.4%)
F 分からない	0名(0 %)	1名(3.4%)	0名(0 %)	1名(2.1%)	2名(1.5%)
G その他	0名(0 %)	2名(6.9%)	4名(8.7%)	2名(4.3%)	8名(6.2%)
合計	8名	29名	46名	47名	130名

表6-7では、大学間で割合の差はあるものの、すべての大学で出席日数不足が1位に、定期試験の点数不足が2位にあがっている。「受講原因が分からない」としたものは少数であった。出席日数不足については、長期入院や家庭の事情など、やむをえない事情もある。他の科目についても出席日数不足であったのかを調査し、再履修学生を増やさないよう、大学や各教員は、学生の出席率を上げるための工夫や、成績評価内容の事前の十分な説明が必要であると考えられる。

6.2.5 自由記述欄

　質問項目「再履修者クラス（英語特別演習、英語未修者）のあり方に対する感想、意見、要望があれば自由に書いてください」に対して、33名が記入した。その内容は大別して、「単位取得」、「開講システム」、「授業内容」、「テーマ、ティーチングスタイルに対する要望・提案」「その他」の5種類に分けることができた。以下、学生の回答をカテゴリー化した。

(1)単位取得
・取りやすくしてほしい。（複数）
　「出席やテストを頑張っていても結果に繋がらないことがあると思う（私立文系3年生、男子）」「単位をもらえれば満足。（九州大学理系2年生男子、日本人クラス）」「真面目に出席したら単位ください。（九州大学文系4年生男子、外国人教員クラス）」「1単位は少ない。何故2単位ではないのか分からない（九州大学理系1年生男子、日本人クラス）」

・単位認定の不透明感
「先生によって単位を出す基準にえらい違いがあると感じました。私は後期だけで3つ受けていますが、出席のとり方も曖昧な先生もいるので、まじめに出席している人がバカを見ることになりそう」（九州大学理系2年生男子、日本人クラス）

(2)開講システム
・再履修クラスの設置に対する肯定的な意見
　「非常に助かる」（九州大学理系2年生男子、日本人クラス）
　「落とした単位を取れるので良いと思う」（九州大学理系1年生男子、外国人教員クラス）
　「必要な英語の知識や能力が身について良いと思う。この制度はなくさないで欲しい」（九州大学文系2年生男子、外国人教員クラス）

・開講システム（曜日、クラス、単位）に対する意見・要望

「この授業が開講されていること、又履修申請の仕方がわかりにくかった」（九州大学理系2年生男子、日本人クラス）

「取得可能なコマを増やしてもよいのではないかと思います。6限等」（九州大学理学部4年生男子、日本人クラス）

「土曜などに授業があると普段の日が少し楽になるので土曜とかにやって欲しい」（九州大学理系2年生男子、外国人教員クラス）

「現キャンパス以外でも開講するか他の言語単位による置換を可能にして欲しい。2つのキャンパスの往復の手間などから研究や就職活動へ大きな影響が出ている。再履修の原因が本人の怠慢以外（病気など）にある場合もあるので『再履だから我慢する』というのは必ずしもふさわしくないと思う」（九州大学文系3年生男子、外国人教員クラス）

(3)授業内容

・開講中の現授業に関する肯定的な意見・感想

「楽だから、焦ることなくできる」（私立理系1年生、男子）

「まだ2回の授業しかうけていないが、この授業のスタイルは私にあっていると思う」（九州大学理系2年生男子、日本人クラス）

「今の感じでOK!! 非常に助かる」（九州大学理系2年生男子、日本人クラス）

「授業内容に不満はありません。1年前期の『英米言語文化Ⅰ』よりずっといいです」（九州大学文系2年生女子、日本人クラス）

「受けないに越したことはありませんが、非常に興味深く受講させて頂いています。（九州大学文系1年生女子、外国人教員クラス）

「普通のクラスの英語では歯擦音とか将来全く必要がないと思われる単語ばかりを出す小テストで成績を決めるなど、語学学習の必要性にかなりの疑問があったが『特別英語演習』ではより身近な所での英語を教えていただけるのでとても良い教科だと思います」（九州大学文系2年生男子、外国人教員クラス）

・テーマ、ティーチングスタイルに対する要望
　「大学で英語を学ぶ意義がよく分らない。一般教養としてとらなければならないにしても、目的が見えてこない。英語を話せるようにするのか、英語の文化を知ることが目的なのか、文法を学ぶことなのか…そのような目的がよく分る講義として欲しい」（九州大学文系4年生男子、日本人クラス）
「英語が苦手なのでなるべく簡単で興味がわくようなテーマがいいと思う」（九州大学理系1年生男子、日本人クラス）
　「英語の単位を落とした人の受ける授業なのでまず英語への興味・関心を与えるような事をしたらいいと思う」（九州大学理系1年生男子、日本人クラス）
　「やるならやるでビシッとやって欲しい。教科書も買ったんだから」（九州大学理系1年生男子、日本人クラス）
　「コミュニケーションの授業が多いのでリーディング・ライティング等の授業を希望します。コミュニケーションの授業を1・2年の教養に回すべきではないでしょうか」（九州大学文系4年生女子、日本人教員クラス）
　「もっと使える英語、つまり会話力が上がる授業をして欲しい」（九州大学理系3年生男子、日本人クラス）
　「リスニングをしてもあとから詳しい答え合わせみたいなものがないので、何て言っているのか分らない。先生によりますが」（九州大学文系4年生男子、日本人クラス）
　「前期の授業では文法などだったので、この授業ではアメリカやヨーロッパにもっと密着したものを教わりたい。ニュースやCMなども見たいし、それを通してリスニング能力を高めたい」（九州大学理系1年生男子、日本人クラス）

・外国人教員クラス配置の要望
　「ネィティブの人としゃべってみたい」（九州大学理系1年生男子、日本人クラス）」
　「先生が外国人であることが嬉しかった。具体的な発音の仕方を教えて欲

しい」(九州大学理系1年生男子、外国人教員クラス)

「会話を中心とした授業がしたい。出来るならばネィティブの先生で一定時間日本語禁止!とかにすると面白いし効果ありそう」(九州大学理系4年生女子、日本人クラス)

(4)その他

「危機感があった」(私立文系3年生、男子)

「単位取得」というのが、再履修クラスの学生の共通目標であるのに、「単位・評価の基準が不明確」と感じている学生もいる。教員・大学は学生への説明責任を果たすための評価システムづくりが肝要である。また、「英語を大学で学ぶ目的」を学生に理解させるカリキュラムづくりも必要である。自由回答欄の記述から、「英語の必修の単位を取得できなかった」という共通点しかない再履修学生は、ウォンツとニーズでも多岐にわたっていることが分かった。「会話力」「発音」を重視し、英語ネィティブの教員を望む学生が多数いる一方で、「リーディング」、「ライティング」の授業に対する希望もあった。

6.3　まとめ

この調査から、多様化する再履修クラスの学生像が明らかになった。英語のレベルが違い、第一言語さえも違う異種グループからなる再履修クラスで効果的な指導を行うためには、「オリエンテーション」「コースガイド」「メンタリング」「フィードバック」(Richards, 2000, p.212) など、教員への十分なサポートが必要である。

第7章
大学卒業後の職場での英語ニーズ分析

7.0　はじめに

　本研究では、大学英語教育におけるカリキュラム開発、シラバスデザイン、ファカルティーデベロップメントに資するため、2005年9月から12月までの4ヶ月間、業務で英語を使用している九州在住の30歳以上の九州大学卒業生を対象に、個人面接を実施した。この面接では、2つの目的によって質問項目を設定した。すなわち、第1の調査目的である大学卒業後の英語ニーズ分析のための職場における現在の英語使用状況・学習状況に関する質問項目と、第2の調査目的である卒業生による英語プログラムの遡及評価のための自分自身が受講した九州大学の教養部時代（当時）の英語の授業に対する評価、および、現在の九州大学の英語教育・英語教員・学生の英語学習に対する意見や提言に関する質問項目である。

　本章では、第1の調査目的である「卒業後のニーズ分析」について扱い、まず、大学英語教育におけるニーズ分析の意義を、次に、面接調査の方法について述べ、面接調査を元に分析、考察を試みる。なお、九州大学言語文化研究院でも、外国語教育ニーズ分析研究グループが卒業生調査（2006）を実施しているが、この調査と当調査の対象者に重複はない。

7.1　ニーズ分析の定義と研究

　外国語教育におけるニーズ分析（needs analysis/needs assessment）について、Richards, Platt, J. & Platt, H.(1992, pp.242-243) は以下のように定義づけている。

（言語指導において）学習者や学習者集団が必要とする言語のニーズを特定し、そのニーズを優先順位によって配列する過程。ニーズ分析では客観的情報と主観的情報の両方（たとえば、アンケート（questionnaire）、テスト(test)、面接（interview）、観察（observation）のデータから）を利用し、以下の情報の入手に努める。

　a. その言語が使用されると考えられる状況（誰に対して用いるかを含む）
　b. その言語が必要となる目的(objective)と意図(purpose)
　c. 使用されると考えられるコミュニケーションの種類（たとえば、文書（written）、口頭(spoken)、公式、非公式など）
　d. 必要とされると考えられる熟達度（proficiency）のレベル
　　ニーズ分析はカリキュラム開発の一部であり、通常は、外国語指導向けにシラバスを開発する前に、必要とされるものである。

Richards（2000, p.67）はニーズ分析を実施する意義として、ニーズ分析で得られた情報の利用例は「既存のプログラムやプログラムの要素についての評価の基準」「将来のプログラムの目標や目的（objectives）を計画するための根拠」「テストやその他の評価方法の開発」「あるプログラムにおける適当な教授メソッドの選択」「あるコースにおける、シラバスと教材の作成のための根拠」や「外部組織へのプログラム報告書の一部として利用可能な情報」として有用であると述べている。

7.2　調査の方法

7.2.1　調査方法選択の理由

　本調査では、半構造化インタビュー（semi-structured interview）を実施した。面接対象者全員の第一言語が日本語であったため、面接とプロフィールシートで用いた言語は日本語である。面接実施期間は2005年9月から12月までの4ヶ月間で、面接実施地は福岡県と長崎県である。面接対象者の指定

する場所に赴き、１人あたり１時間から１時間半をかけて、個人面接を実施した。対象者が社会人であるため、「業務内容が変わり英語ニーズが変わる」「本人が転勤または転属して面接が実施できない」などの可能性を考慮し、短期間に面接を実施した。

現在、日本では学生による授業評価を導入している大学が増え、九州大学でも学期末の授業評価を実施中であるが、授業時間を使用した在学生に対する調査と異なり、社会人となった卒業生に調査協力の意義について理解を得るのは困難が伴う。

第２章で述べたように、日本の英語教育はEFL環境であり、教室の外でのニーズは少ないため「参加者の観察」や「言語テスト」から英語のニーズを探ることは難しい。また、日本では、大学の新卒採用については、新聞の「求人広告」で募集するケースは稀であるため、「面接」または「アンケート調査」の２つが、妥当な調査方法である。Vandermeeren（2005）は、言語ニーズのリサーチの方法の例から「参加者の観察」「面接とアンケート調査」「求人広告」「言語テスト」「匿名のアンケート調査」を取り上げ、それぞれの特徴と問題点を挙げており、アンケート用紙を企業に送る場合は、多くの説得的な業務が必要とし、アンケート用紙の回収率を上げるためには、インフォーマントがアンケートに記入するよう、納得させなければならない点を指摘している。実際に、九州大学言語文化部では、九州大学卒業生を対象としたニーズ分析として、電子メールによるアンケート調査を実施したが、回収率は10％以下と非常に低かった（外国語教育ニーズ分析研究グループ，『九州大学外国語教育アンケート調査（卒業生対象）報告書』, 2006）。本調査では、新たに面接対象者の条件を設定し、協力を要請したもので、前述のアンケート調査の回答者と面接対象者には重複はない。

Brown（2001, p.75）は「語学プログラムの調査方法としての面接とアンケートのプラス面とマイナス面」の中で、面接とアンケートを比較しており、面接は、アンケートに比べて、「時間がかかり、高価」「研究の規模が小さくなる」「潜在意識下の偏見や、その他の偏見の可能性がある」「一貫性に欠ける可能性がある」「ある程度限定されたスケジューリング」「地理的に限定さ

れる」といった欠点があるが、その反面、「回収率が高い」「不完全な回答、無回答の割合が少なくなる」「騒音やその他の気をそらすものを避けるなど、回答する環境をコントロールできる」「1つの回答後、さらに詳しい情報について尋ねたり、ある予定質問項目が使えない場合、他の要素に変更できたりするなど、比較的柔軟性がある」「アンケートのように無味乾燥としていて機械的ではなく、比較的個人的なものと回答者が感じるため、ラポールを築きやすく、回答者は興味を持ち、動機を持ち続けやすい」「面接で得られるデータはアンケートに比べ、貴重で、自発的であることが多い」「指示の説明を繰り返すことができるため、比較的複雑にできる」「面接以外の観察ができる。たとえば、面接場所から、面接担当者の環境（状況の特徴、人々の交流、非言語的な行為、態度）などを観察できる」「実物教材（realia）を提示できる」といった長所を列挙している。アンケート調査で協力を得ることが難しかったため、本調査では筆者がすべて対面で実施し、面接対象者の了承を得て、記録した。

Long（2005, p. 36）は、ニーズ分析をする上での面接者のプロフィールについて以下のように述べている。

> Having interviewers of the same race, ethnicity, sex, social class and cultural background as interviewees also increases the likelihood of obtaining good data, especially where attitudes and opinions on sensitive issues are involved.

この調査では面接は筆者がすべて対面で実施し、面接対象者の了承を得て、記録した。面接対象者が同じく九州大学の卒業生であり、仕事で英語を使用する社会人であるため、多くの文化的背景を共有している点が面接実施上、有利に働いた。

7.2.2 面接対象者選定上の条件

Long（2005, pp. 26-27）はニーズ分析のソースとしての学習者について

「ニーズ体験以前の学習者（pre-experience learner）は、教育程度が高い者でさえも、通常、信頼度の低いソースとなる」とし、「経験のある『現役の』インフォーマントはその職業、研修コース、研究分野などの内容についてのすばらしい情報ソースとなることが多い一方、（当然のことではあるが）言語のニーズに関する洞察力については、不十分であることが多い」と指摘している。また、学習者が現在や将来のニーズについて「有益で有効な識見を提供できる場合でも、当該プログラムを経験した語学教員と卒業生、雇用主、応用言語学者や専門領域の権威という種類の専門家や文献などの情報も有用である」と述べている。専門家や文献などの情報以外のソースの人的情報源として、語学教員、卒業生、雇用主が挙げられている。日本の大学の場合、一般的に大学の語学教員は1、2年生の低学年次だけを指導することが多いため、学習者の卒業後のニーズを知ることは難しい。また、日本では、大学卒業生に対してどういった英語力を求めているか公表している雇用主は少ない。そのため、大学生の将来的な英語ニーズを調査する場合、当該英語教育プログラムの過去の学習者であり、かつ、現在社会人として業務で英語を使用している卒業生は、妥当かつ比較的入手可能な情報ソースである。

　面接対象者選定上の条件を「条件1：九州大学の卒業生であること。条件2：業務上英語を使用すること。条件3：30歳以上であること」と定めて、個人面接を実施した23名のうち、16名を分析対象とした。同一組織内または同職種の同業者について、面接対象者として2名以上を紹介された場合は、全員に対して面接を実施し、初めに面接した方を分析対象とした。面接をした結果、業務で英語を使用しておらず、今後も使用する可能性はきわめて低いと判断された場合は分析対象者から除外した。

　以下、条件設定の詳細を述べる。
条件1：九州大学の卒業生であること。
　大学低学年次の基礎教育で英語科目を受講した九州大学卒業生に限定した。よって、「九州大学以外の大学で基礎教育科目を履修した後、九州大学に編入学した者」「九州大学以外の大学を卒業し、大学院から九州大学に進学し

た者」は、九州大学の（旧）教養課程・（新）全学教育での英語科目を履修していないため、今回の面接対象には含まれない。

条件２：業務上英語を使用すること。
　社会人が英語を使用する状況を大別すると、「業務上」「家庭生活上」「余暇活動上」と分類できるが、今回の調査対象は「業務上の」英語使用をする者であるため、家庭内でのみ英語を使用している場合や、「自己啓発や趣味としての英語学習」「業務外での海外渡航」「洋画や洋楽の鑑賞」といった業務外の余暇活動でしか英語を使用していない場合、また、これから使用する可能性も低いと判断される場合については、たとえ英語使用頻度が多い場合であっても分析対象には含んでいない。
　なお、猪浦（2003）は、語学力を活かす職業を(1)スペシャリストコース (2)ビジネスマンコース　(3)起業家コースの３つに分類しているが、今回の面接対象者には(3)起業家コースに該当するものはいなかった。
　面接対象者を募集する段階では、業務上での英語使用の頻度、使用時間の長短、難易度については不問にした。通訳、翻訳者、英語教員など、英語という語学で生計を立てているいわゆる英語の専門職（スペシャリストコース）を除くと、業務上での英語使用は不定期で、事前に予測不可能なことも多く、特に企業や官公庁などの被雇用者は英語を使用する業務を自由に選択できる立場にはない、と判断したためである。実際に面接した結果、会社員については、「海外駐在時や海外出張時にはほとんどすべてのコミュニケーション言語が英語であるのに、帰国後はほとんどの業務を日本語で行っている」という例や、官公庁、大学における国際交流業務、在日外国人サポート業務については「非日本語話者対象の業務が発生した時にのみ英語を使用している」という例から、英語ニーズ発生の偶発性が明らかになっている。

条件３：30歳以上であること。
　年齢制限については、下限を30歳と定めた。下限設定の理由は、20歳代であれば大学を卒業してから８年未満であり、自分自身の所属する業界や業務

内容の詳細を本人自身が把握しておらず、組織内、業界内での自分の現在の位置が客観視できない可能性が高く、社会人としての経験年数不足と判断されるためである。分析対象とした16名中、11名が30歳代で、5名が40歳代であった。

　面接対象者の募集時には、年齢の上限を特に定めなかったが、今回の調査では、50歳以上の面接対象者は含まれていない。依然として年功序列、終身雇用制が主流である日本企業、特に製造業では、50歳以上の従業員には管理職クラスが多く、⑴自己裁量で通訳、翻訳を雇用できる立場にある、⑵経験年数が長いため、英語力不足を周囲の人員で補うことも可能である、という理由から英語を使用しなくてもよいということが考えられる。

　年齢と職場での英語使用の関係については、面接調査時に「自分たちはグループ単位で作業を進めているため、ベテランの技術者で抜群の技術力があれば、語学力がなくても、周囲が語学力をカバーすればよい。しかし、若手・中堅の技術者で、語学力がないことは許されない」（製造業、設計・技術者）という指摘があった。費用対効果を考えて外国語を使う業務は社外に委託する例（Vandermeeren, 2005, p.160）もあるため、年収の高い管理職クラスは、英語業務を外注することも多いことが推察される。

7.2.3　面接の手順

　基本的に面接対象者がプロフィールシートを記入してから、質問内容に入った。ただし、時間の都合上、シートを後日記入してＥメールで回答した例が16名中3名いた。このプロフィールのシートには、英語資格の有無など、人事考課に影響する質問も含まれているため、差し支えない範囲での記入で構わないこと、シート記入や面接の回答の内容については、匿名にすることを事前に面接対象者に伝えた。

7.2.4　面接対象者のプロフィール

　以下の表1は、面接対象者のうち、分析対象者がシートに記入したデータを表にしたものである。

第7章　大学卒業後の職場での英語ニーズ分析

表7-1　面接対象者のプロフィール（面接順）

番号	卒業学部学科・専攻	所属・業種・職種	性別年齢	英語資格（在学時）	英語資格（卒業後）	渡航歴（在学時）
1	文学部英文学	公立大学英語・専門教員	男性46歳	3級	1級、950点V検**（合格級無回答）	なし
2	法学部法律	フリーランス司法通訳・専門学校・予備校英語教員	女性33歳	準1級国連B*	1級、970点通検2級**	あり
3	医学部	大学病院医師	女性30歳	なし	3級	あり
4	工学部機械	製造業設計・技術者	男性40代	2級	不明	なし
5	文学部英文学	県立高校英語教員	女性33歳	準1級	不明	あり
6	文学部国史学	印刷・マルチメディアテクニカルライター	女性35歳	2級	準1級、895点	なし
7	法学部法律	市役所窓口地方公務員	女性33歳	2級	695点	あり
8	法学部政治学	大学留学生課事務	女性30歳	なし	2級	あり
9	法学部法律	エネルギー事務	男性36歳	なし	350点(入社時)885点(最新)	あり
10	文学部英文学	フリーランスカルチャーセンター講師	女性43歳	2級	1級	なし
11	文学部社会学	出版社編集	女性38歳	準1	なし	あり
12	法学部法律	製造業人事	男性46歳	なし	準1級900	なし
13	教育学部	私立大学専門教員（教育学）	男性30代後半	なし	(560点***)準1級	あり
14	文学部言語	観光業マーケティング	女性38歳	730点	(450点)850点	あり
15	工学部水工土木	国立大学専門教員（工学）	男性43歳	なし	なし	なし
16	法学部法律	放送局営業	男性34歳	準1級	700点	あり

表7-1の註：年齢はすべて面接当時。番号は面接実施の順。学部、学科名は在学当時の名称。xx級＝実用英語検定の取得級、xxx点＝TOEICのスコア、(xxx点) ペーパー版TOEFLのス

コア、通検=通訳検定、V検=ボランティア通訳検定試験、国連=国連英検
* 国連英検B級とは、「外国での日常生活に対処できる英語力（実用英検準1級程度）」（日本国際連合協会ホームページ http://www.unate.net/level_b.html）である。
** 通訳検定2級とは、「特に専門的でない一般的内容のスピーチについて逐次通訳を行なう能力のあるもの（一次試験の筆記、音声試験の程度が英検1級程度、2次試験内容、英語および日本語のスピーチ（音声）の部分通訳筆記試験および主旨把握）」ボランティア通訳検定試験とはA級が英検準1級、B級が英検2級、C級が英検準2級程度（日本通訳協会ホームページ http://www.jipta.net/html/about.htm）である。
*** 面接者番号13番のTOEFL560=九州大学大学院在学中の取得点数であり、厳密には就職後のスコアではない。

(1)性別

　面接対象者の条件として性別については特に考慮していなかったが、最終的に分析対象者となった16名のうち、7人が男性で9名が女性であった。ただし、このデータだけから、九州大学卒業生のうち、社会人になって英語を使用しているのは女性が多いと結論づけることはできない。女性の面接協力者が多かった理由としては調査場所が九州であったためと考えられる。大学卒業後、男性は関東地方、関西地方に就職している例が多く、女性は地元である九州にとどまる傾向がある。さらに、男性の卒業生からは、業務多忙の理由により面接を断られるケースが多かったためでもある。

(2)海外渡航歴、家庭内使用言語

　面接対象者の16名中、九州大学の学部卒業までに海外渡航経験があったものは10名、未経験者は6名であった。この面接実施時点までに海外渡航経験が全くなかったものは1名（カルチャーセンター講師）のみで、15名が九州大学卒業後、海外渡航を経験しており、うち3名が大学卒業後、1年以上の海外駐在・留学経験していた。家庭内で英語使用をしている者は2人とも英語母国語話者と結婚している。

(3)卒業学部・学科

　分析対象となった面接者の在学中の所属は文系が13名であった。内訳は文学部6名（英文学専攻3名、言語学専攻1名、国史学専攻1名、社会学専攻

1名)、法学部6名、教育学部1名である。理系が3名で内訳は工学部2名(水工土木学科1名、機械学科1名)、医学部1名だった。なお、学科・専攻の名称は、卒業後に変わっている場合もあるが、本研究では在学当時の名称で記載する。

可能な限り多岐にわたる業種・職種から面接対象者を募る努力をしたが、文系の卒業生の活躍の場であり、職場での英語ニーズが多いと考えられる航空・旅行・ホテル業などのサービス業、国際コンベンション業などの業界や外資系企業からは、九州大学の卒業生の協力者を得ることができなかった。該当者がいないという理由として、「国際業務は、東京の本社で行っているので九州の支社では英語はほとんど使用しない。(国際コンベンション事務)」「航空会社、旅行会社の人材の主力は私立大学文系出身者である。国立大学卒業の学生の採用は稀である。(福岡空港内、外資系航空会社)」という回答を得ている。

理系で特に英語を使用すると想定される業界であるコンピュータ関連、情報通信関連、電気機器製造業については、企業の英語研修担当者と国際業務部門担当者を通じて面接の協力を要請したが、協力を得られなかった。その理由については回答を得ることはできなかったが、「該当者がいなかった」「英語を使用する者は海外出張が多く、業務時間内での1時間以上にわたる面接に応じることが難しい」「企業情報、個人情報の漏洩が心配される」などの理由が考えられる。

なお、面接対象者には英語教員が4名(大学、高校、予備校・専門学校、カルチャーセンター各1名)がいるが、中学の英語教員は含まれていなかった。九州大学には教育学部があるが教員養成を目的とした学部ではないため、大学卒業後、中学の英語教員になった者は少ないと考えられる。

(4)英語資格取得状況

英語資格の取得状況は多様である。TOEIC、TOEFLについては、取得スコアの有効期限が2年となっている。受験していても、スコアや取得年を覚えていないケースや無回答が多かった。TOEIC、TOEFLや実用英検に比べ

て、専門性の高い通訳検定や国連英検を受験している者は、英語の専門職である英語教員と司法通訳であった。また、製造業設計技術者、製造業人事、エネルギー業事務の3名の会社員については、「勤務先企業でTOEICの団体試験の受験を奨励している」と回答した。

7.3　卒業後のニーズ分析結果

Richards, Platt & Platt（1992, p.243）は、ニーズ分析で収集する情報として、以下の4つを挙げている。

- a. the situation in which a language will be used (including who it will be used with)
- b. the objectives and purposes for which the language is needed
- c. the types of communication that will be used (e.g. written, spoken, formal, informal)
- d. the level of proficiency that will be required

個人面接をした結果について、上記の4つの情報については以下の「7.3.1　仕事での英語使用状況（項目a,b）」「7.3.2　英語でのコミュニケーションの主要な相手先の国・地域と使用スキル（項目a,c）」「7.3.5　採用・昇格・海外赴任時に必要とされる英語資格、および、仕事・研究に求められる英語力（スキル・レベル）（項目d）で、それに4つの情報を「7.3.3　現在の英語学習状況」「7.3.4　組織内の英語学習サポート体制」「7.3.6　『仕事で使える英語』観」を追加して収集し、以下に分析・考察を試みる。

7.3.1　仕事での英語使用の状況

仕事での英語使用の傾向については、業種、職種により、大きく分けて3つに分類することができた。

ニーズ傾向1：英語そのものが職業の手段である。
[該当業種・職種]
英語教員（大学、高校、予備校・専門学校）司法通訳、テクニカルライター

ニーズ傾向2：非日本語話者とのコミュニケーション手段として
[該当業種・職種]
製造業技術者・製造業人事、エネルギー事務、出版社編集者、市役所窓口、大学留学生課
<u>放送局営業</u>（取材時）、<u>観光業マーケティング</u>（上司・同僚との対話、問い合わせの対応など）、<u>大学病院医師</u>（同僚・患者との対話で）、<u>大学専門教員</u>（海外在住の研究者との対話、留学生の指導）

ニーズ傾向3：情報リソースの主要な手段・補助的な手段としての英語
[該当業種・職種]
<u>放送局営業</u>（番組・イベント準備時）、<u>観光業マーケティング</u>（情報収集）、<u>大学病院医師・大学専門教員</u>（文献研究）

＊下線は重複回答者

　語学そのものを業務とする英語の専門職である者（ニーズ傾向1）を除き、発生業務によって、使用の傾向が変わる者が多いことが分かる。たとえば、観光業マーケティングでは、オフィスでの会話場面で英語を「非日本語話者とのコミュニケーションとしての手段」としつつ、催事の準備段階では、「情報リソース言語」として英語を用いていると回答している。社会人に必要とされる英語力は、コミュニケーションのツールとして使いこなせるだけでなく、情報収集のための英語運用能力も必要とされるケースも多いことに注目すべきである。

7.3.2 英語でコミュニケーションの主要な相手先の国・地域と使用スキル
　分析3では、「英語の専門職・非専門職」また、「文系か理系」で、英語を

使用したコミュニケーションの対象と、四技能の使用スキルが異なるかを見るため、タイプ1「英語の専門職（表7-2）」、タイプ2「英語専門職以外の文系（表7-3）」、タイプ3「理系（表7-4）」の3タイプに分けて分析する。

表7-2　英語によるコミュニケーションの相手先の国・地域と四技能の使用スキル
タイプ1：英語の専門職　（5名）

番号	業種 職種 所属	コミュニケーションの相手先の国・地域	四技能の使用スキル	使用相手の詳細と使用状況
1	公立大学 英語・専門教員	英、米、豪	特に限定されず。	留学提携校（英、米、豪）からの来客や文書に対応。ただし、常時ではなく、英文事務は基本的に大学の事務が担当している。
2	フリーランス　司法通訳、専門学校・予備校英語教員	限定されず	スピーキング、リスニングが中心	通訳対象。九州は英、中・韓以外の言語の法廷通訳は少ないので、英語が分かるといえば、英語の通訳がつく可能性が高い
5	県立高校 高校教諭	英語母語国	スピーキング、リスニング	外国人英語指導助手との打ち合わせで。ただし、進学校のため、国際交流事業や交換留学はあまり盛んではない。大学受験を控えた3年生担当になると、受験対策英語に移行するため、外国人英語指導助手との対話は不要。
6	印刷・マルチメディアテクニカルライター	限定されず	リーディングで7、8割。残りがライティング	世界各国にいる仕様書の読み手を対象に執筆する。職場の英語母語話者（英文校正をする）は日本語が理解できる。
10	フリーランス カルチャーセンター英語講師	日本人	スピーキングを最も重視。次はリスニング	日本人の成人の英語学習者を相手に授業内で使用する。アメリカ英語、イギリス英語を意識している。

第7章 大学卒業後の職場での英語ニーズ分析

表7-3 英語によるコミュニケーションの相手先の国・地域と四技能の使用スキル
タイプ2：文系（英語の専門職を除く）（8名）

番号	業種職種所属	コミュニケーションの相手先の国・地域	四技能の使用スキル	使用相手の詳細と使用状況
7	市役所窓口地方公務員	中国語、韓国語話者以外のアジア系	スピーキング、リスニングがほとんどで、リーディング、ライティングはない	窓口を訪れた福岡市東区在住の留学生とその家族を対象に。中国系、韓国人留学生は一般的に日本語が堪能である。
8	大学留学生課事務	主にアジア系	スピーキング、リスニングが過半数 リーディング、ライティングは海外や留学生との電子メールのやりとりで発生	留学生や留学センターの外国人教員とのコミュニケーション。
9	エネルギー事務	ラテンアメリカを主に担当	国内にいるときはリーディング、ライティング、海外主張時はリスニング、スピーキングが重要	社内にアジア担当者が別にいる。毎日、メール、レター、ファクス、国際電話による連絡、月1回は海外とのテレビ会議がある。交渉の準備として、大量に英語の契約書を読みこまなければならない。半年から1年のプロジェクトにつき、200ページの英語契約書10冊分が目安。
11	出版社編集	現在は韓国のみ	四技能すべて	情報収集・電子メールでリーディング、電子メールでライティング、韓国人のビジネスパートナーとの会話でスピーキング、リスニング。
12	製造業人事	米国	リーディング、ライティングで8割。スピーキング、リスニングで2割。法務の仕事では文書に残すことが大事	現在は、人事部在籍のため、法務関係のニューズレターに目を通す程度。海外駐在時（ニューヨーク）は月1回の頻度で出張。契約の言語は英語であるため、現地語よりも、英語を話す。台湾、中国の法務のスペシャリストは英語を話す。

149

13	私立大学専門教員(教育学)	主に豪州。ほかにベルギー、韓国	通常はリーディング、ライティングで9割以上。スピーキング、リスニングが必要になるのは主に学会で。	学部時代は大学院入試のためにドイツ語が必要だと思い、勉強したが、現在はドイツの研究者も英語で論文を執筆するので、現在、英語以外の語学を研究のために学ぶニーズはない。研究留学先は豪州であり、英語圏である。
14	観光業マーケティング	タイおよび非日本語話者で英語使用者(欧米、アジア圏)	使用頻度は、ライティング、リスニング、スピーキング、リーディングの順	タイ語で書かれている公式文書を除き、上司や同僚(タイ人)とのコミュニケーション、タイ現地とのやりとり、極東アジア会議、福岡での所内会議、使用言語はすべて英語。九州滞在中の非日本語話者からの問い合わせ対応にも英語。
16	放送局営業	限定されず	基本はスピーキング。あとは、リスニング、リーディング、ライティングの順。	基本的に日本語の放送局なので、普段はあまり英語を使用しないが、企画次第(海外取材、海外のアーチストの出演、イベントを海外向けに発信、英語教育プログラムの企画など)でニーズが発生。

⑴英語を使用したコミュニケーションの対象について

　本名(2003)は、現代英語の特徴として、話し手の数はネィティブよりもノンネィティブのほうが多く、非母語話者どうしの英語コミュニケーションが増えている現象を指摘している。この調査でも、表7-2、7-3、7-4に示すとおりEFL圏の話者をコミュニケーションの相手として挙げている例が多いことから、国際コミュニケーション言語としての英語の普及度が明らかになっている。英語を介したコミュニケーションの相手を「限定されず」と5名が回答しており、英語を共通語として使用している現状が分かる。コミュニケーションの相手として英語母国語圏(English as a Native Language、イギリス、アメリカ、オーストラリア、カナダ、ニュージーランド)の話者を挙げた者は、学生の交換留学提携先とのコミュニケーションが発生する大学英語教員と、外国人英語指導助手とのチームティーティーチングが必要な高校英語教員、英米法に則り法務関係の業務を進めることが多

表7-4　英語によるコミュニケーションの相手先の国・地域と四技能の使用スキル
タイプ3：理系（3名）

番号	業種 職種 所属	コミュニケーションの相手先の国・地域	四技能の使用スキル	使用相手の詳細と使用状況
3	大学病院 医師	中国	スピーキング、リスニング	研究室に在籍中の中国人留学生との対話。
		限定されず	スピーキング、リスニング	臨床で、患者との対話。
			四技能すべて	学会出席、論文執筆・読解など、研究者として。
4	製造業 設計、技術者	限定されず。現在は中国・台湾が主。	リーディング・ライティングで8割	プロジェクトによって、英語を話す相手は異なる。中国語を学ばなくても技術者同士は英語で意思疎通できる。中国は中国人の日本語通訳がつくので、現地では中国語は不要。
15	国立大学 専門教員 (工学)	限定されず	リーディング・ライティングで8割	研究室に外国人留学生（パレスチナ、スリランカ、スウェーデン、シリア、インドネシア、ネパール、中国）が7名おり、うち6名とは英語で対応、1名(中国人)とは日本語で対応。

いという製造業人事の3名のみにとどまっている。よって、英語の専門職などを除き、英語母国語圏の話者を目標にして「英語ネィティブ並みの英語力」を目指すよりも、英語という国際コミュニケーション言語を共通語として、日本語話者でない海外の同業者と業務のやりとりができることを目標にする方が現実的なニーズに即している職場が多いといえる。

　国際業務の共通語としての英語力については、複数の面接対象者（大学病院医師、観光業マーケティング、放送局営業、エネルギー事務、製造業設計・技術者）から、「業務を通じてアジアのEFL圏（中国、台湾、韓国、タイなど）の同業者に比べて、日本人の英語力は総じて低いと感じている」という指摘があった。その背景や原因については、文献研究ケーススタディなどを通じて、さらなる分析が必要と考えられる。

(2)四技能の使用スキルについて

表7.2、7.3、7.4に示すように、使用スキルは固定されていないケースが多く、この面接結果のみから業種・職種ごとに使用スキルを一般化することは難しい。しかし、文系出身者のうち、外国語によるサービスを期待される市役所窓口業務や大学留学生課などの在日外国人に対するサポート業務ではオーラル・コミュニケーションが必須であるが、企業の国際法務担当者、技術者、研究者は、会話力よりむしろ、高度なリーディングやライティングが必要であるという傾向が明らかになった。

7.3.3　現在の英語学習状況について

現在の家庭学習の方法について「読書・英字新聞の購読」と述べた者が4名（司法通訳、テクニカルライター、観光業マーケティング、放送局営業）、「NHKのラジオ講座」が3名（大学英語教員、エネルギー事務、カルチャーセンター講師）、「ニュース・洋画の視聴」が3名、（司法通訳、高校英語教員、放送局営業）「英会話学校への通学」が2名（エネルギー事務、カルチャーセンター講師)であった。

また、家庭学習ではなく、仕事の中で意識して学んでいる例としては「英語論文を読む中で『英借文』を意識（工学部専門教員）」という回答や「印象に残った英文レター(交渉や謝罪文）などはファイリングしている。（製造業技術者)」というような回答もあった。

16名中5名が「特にしていない」と答えた。それは、英語学習の必然性がないと考えているからではなく、その理由は「多忙であるため」と、共通していた。「英語を勉強している時間の余裕はない。英語が目的ではないのに、その英語が難しい」（大学病院医師）「他の語学（韓国語）の学習を優先させている」（市役所窓口）「英語学習は今までにしたことがなく、実地（OJT）で学んだ)」（出版社編集）などが回答として挙げられた。

7.3.4　組織内の英語学習サポート体制

16名中2名は特定の組織に属さないフリーランス（司法通訳、カルチャー

センター講師）のため、14名がこの質問の該当者であったが、過半数の8名が「組織からのサポートなし」と回答した。

「サポートあり」と答えたものは6名で、内訳は、民間企業3名（製造業技術者、製造業人事、エネルギー事務）、公務員3名（大学留学生課、市役所窓口、高校英語教員）であった。サポート内容として「TOEIC受験の奨励・義務づけ」、「勤務時間内での職員研修、勤務時間外での語学研修・通信教育の補助」、「会社派遣の語学留学、専門留学（海外のMBA、ロースクール）の制度化」や「有志による語学のクラブ活動」（重複回答あり）が挙げられた。しかし、「サポートあり」と回答していても、「上司の理解がないと、実際にはなかなか受講しにくい」という声もあった。また、「TOEIC受験の奨励・義務づけ」については、自己啓発をする社員の支援というよりも、人事考課の一環として企業が社員の語学力を把握するための手段という側面もある。

英語教員のための学習サポートについてRichards & Farrell（2005, p.14）は、語学教師の専門能力育成のために、組織的活動として、"Workshops"、"Action research"、"Teacher support groups" を挙げている。英語教員のうち、「サポートあり」と回答したのは高校英語教員1名のみで「模擬試験の試験作成が英語教材研究のよい機会となっている」と答えた。非常勤教員が多い大学英語教員や、フリーランスが多い公教育外（予備校、塾、カルチャーセンター）の英語講師は、教材や教授法研究はあくまでも本人の意思に任されていることが想像される。

大学教員（英語、教育学、工学）3名と、大学病院の医師1名は、大学所属の研究者でもある。大学からの研究者に対する英語学習サポートについては、英語ニーズが多いにもかかわらず、全員が「大学からの英語学習のサポートなし」と答えた。

7.3.5 採用・昇格・海外赴任時に必要とされる英語資格、および、仕事・研究に求められる英語力（スキル・レベル）

分析5では、大学卒業・大学院修了後の就職の方法や就職時に必要とされ

表7-5　仕事で必要な英語資格、英語力

タイプ1：英語の専門職　（5名）

番号	業種 職種 所属	採用・昇格・海外赴任時の英語資格・レベル	仕事・研究に求められる英語力（スキル・レベル）
1	公立大学 英語・専門教員	特になし。	特になし。資格などの判断基準がなくても、英語力の高い人たちばかりなので。
2	フリーランス 専門学校・予備校英語教員 司法通訳	予備校・専門学校英語教員：英語資格は必要とされないが、採用時には、教員未経験者は持っていると有利だと思われる。自分自身の場合も、英語資格を持っていたのが良かったと思う。	講義型の授業ができること。文法力、構文力。大学受験英語用の読み、書きの力。1）大学受験で点数を取れること2）生徒の既習の構文を使うこと、などが要求される。間違ったことを教えると生徒からの信用を失う。
		司法通訳：英検1級、TOEIC900は必要。ただし、司法通訳の場合は採用する側がTOEICを認知していない可能性がある。	スピーキング、リスニングと各国の文化的背景、政治的背景に対する知識。聞き取りやすい、分かりやすい「商品」を出すこと。
5	県立高校 高校教諭	高校の教員採用試験は、近年、競争率が高くなっている。そのため、TOEFL、TOEICは高得点を取得し、（模擬授業をさせられるため）英語講師経験のある人でないと採用されない。ただし、いったん採用されると、昇格に英語力は関係ない。	10年前には、文法力と大学受験英語に強いことが重視されていたが、現在は、外国人英語指導助手とのコミュニケーション力も必要になっている。大学入試に出題される語彙はレベルが高いので、語彙力も必要である。直接教授法での指導が理想的だが、高校生には理解できないと思われる。
6	印刷・マルチメディア テクニカルライター	英検2級程度以上。	TOEIC800点、英検2級程度あれば可。仕事に留学経験は必須ではないが、職場に留学経験者が多い。
10	フリーランス カルチャーセンター講師	特になし。ただし、自薦だったので、英検1級が役に立ったと思う。	英検準1級、TOEIC700点〜800点は必要。会話力だけではなく、文法力、発音、文化知識も要。

表7-6 仕事で必要な英語資格、英語力
タイプ2：文系（英語の専門職を除く）（8名）

番号	業種 職種 所属	採用・昇格・海外赴任時の英語資格・レベル	仕事・研究に求められる英語力 （スキル・レベル）
7	市役所窓口 地方公務員	特になし。	基本的な単語、文法ができれば問題はなし。仕事にかかわる基本的な用語が英語で分かっていれば問題はない。
8	大学留学生課 事務	特になし。 ただし、元々、語学が堪能な職員が多い。しかし、語学力（主に英語）不足をコミュニケーション力でカバーしている優秀なベテラン職員も多数いる。	九州の国際交流は、役所よりも、大学が主体なので、高レベルの語学力が必要。英語のレベルがかなり高くないと務まらない。留学生（TOEFLペーパー版600点以上）や海外のVIPとのコミュニケーションができるレベル。
9	エネルギー 事務 36歳	採用時には特になかった。海外MBA留学の際、社内選考時にTOEICのスコアが必要。	TOEIC900点程度は必要。ただし、会話力だけでは不足。
11	出版社 編集	不要。	大意が分かればよい。金銭やシステムなど重要な話になると、お互い、通訳をつけることになっている。
12	製造業 人事	採用時に若干、評価に加味するが、総合評価。新入社員でTOEIC600点、入社2～3年で620～630点、海外本部で800点は必要。（いずれも文系・理系を問わず）	リーディング、ライティングが重要。法務の上では、口頭ではなく、文書に残すことが重要であるので。
13	私立大学 専門教員 (教育学)	不要。	リーディング：英語の論文を熟読すれば、細かい点まで理解できる力。速読して、大意が把握できる力。
14	観光業 マーケティング	皇族との会話で使用する日本語と同レベルの丁寧度・フォーマル度の高い英語。	人前に出て行くことが多いので、即時性の求められる聴く力、話す力が特に重要視される。まず、きちんとした日本語を話せることが重要。
16	放送局 営業	不要。	不要。日本語力のほうが重要。英語使用は企画次第なので。

表7-7　仕事で必要な英語資格、英語力

タイプ3：理系（3名）

番号	業種 職種 所属	採用・昇格・海外赴任時の英語資格・レベル	仕事・研究に求められる英語力 （スキル・レベル）
3	大学病院 医師	特になし。	リーディング：医学論文は、構文そのものは難しくないが、読むのに時間がかかる。大量に内容の深いものを読み、ディスカッションの内容把握ができること。 ライティング：書くのに時間がかかり、語彙が限定されてしまうのが問題。 スピーキング、リスニング：留学生との実験や学会発表で必要。発表そのものの英語は上手でも、留学経験者でさえ、質疑応答は難しいようである。
4	製造業 設計、技術者	海外赴任時は、英語資格の有無はある程度考慮されると思う。基本的には事務系は入社時にすでに英語力が身についている社員が多い。	技術者にとって、英語は商売のツールである。英語で正確に伝える力と、英語以前の問題として、コミュニケーション力が必要。
15	国立大学 専門教員 （工学）	工学部の場合、博士号の資格要件として、英語、ドイツ語の試験（現在は英語のみ）があった。また、英語の論文投稿も必要条件。	スピーキング、ライティングの能力については、単調な表現でよいので、自分なりの形を持っておくこと。

る英語力が異なるとため、分析3と同じく、タイプ1「英語の専門職（表7-5）」、タイプ2「英語専門職以外の文系（表7-6）」、タイプ3「理系（表7-7）」の3タイプに分けて分析した。表5～7に示すように、業種・職種によって、採用・昇格・海外赴任時に必要とされる、英語資格に多様性があることが分かった。

　タイプ1「英語の専門職（6名)」のうち、フリーランスで仕事をする司法通訳やテクニカルライターにとっては、仕事を獲得するのに英語の資格取

得は有利に働く。また、英語教員については、大学の英語教員を除き、高校や予備校、カルチャーセンターで英語指導者としての就職をする際に、英語資格を持っていることが望ましいという回答が得られた。

　同じ文系であっても、タイプ2「英語の専門職以外の文系（8名）」については、英語の専門職と比較すると、採用時の英語力については問われない傾向が見られ、「特になし（3名）」「不要（3名）」という回答が多かった。「英語力よりも、まず、日本語力」（観光業マーケティング、放送局営業）、「VIPを対応できる程度の英語の丁寧度、フォーマル度」（観光業マーケティング、大学生留学生課）という回答から、「社会人に必要とされる日本語力と英語力の関係」「仕事で使う英語の丁寧度、フォーマル度の重要性」についてもさらに考察が必要である。

　タイプ3「理系（3名）」については、学会発表や海外出張が多いため、業務上使用する英語について必要とされるスキル、レベルが高度である。就職時に必要とされる英語資格については、大学の専門職員と大学病院医師は、現在と本人の就職時では、英語資格要件はあまり変わっていないと考えられる。しかし、企業の社員である技術者1名（40歳代）については、日本企業の国際化やTOEICを初めとする英語資格試験の企業受験の普及から、30歳以上の卒業生が大学卒業後、就職した当時と現在の日本企業が新卒採用時に求める英語資格要件は変わってきていることが推測される。

　仕事・研究に求められる英語力については、職種・業種にかかわらず、職場で実際、使用する英語のスキル・内容は多岐に渡っており、英語資格を取得しているだけでは十分ではない。分析3、分析4で明らかになったように、一旦就職すると英語の学習をする時間が取れない場合も多く、また、組織からのサポートも期待できないことが多いため、就職以前に仕事・研究を遂行するために十分な英語力を身につけておくことが望ましいことが伺える。

7.3.6　「仕事で使える英語」観

　面接の最後に「文部科学省は2003年に「英語が使える日本人の育成を重点政策に掲げ、「大学においては『仕事で英語が使える日本人』を育成するよ

う求めていますが、あなたにとって「仕事で使える英語力」とは何ですか、自分の言葉で説明してください」と質問し、自由に回答してもらった。

　この設問に対して、「業種によって違うために答えるのが難しい」(フリーランス、司法通訳兼専門学校・予備校英語教員)「仕事で英語が使える日本人、という発想そのものがおかしい。コミュニケーションの1つの方法としての英語である。英語を身につける教育があり、その結果として、仕事で発揮できるというのが理想」(市役所窓口) という反応もあったが、回答は以下のように分類できる。

⑴コミュニケーション手段としての英語力
　「言葉のキャッチボールができるということ」(フリーランス、司法通訳兼専門学校・予備校英語教員)
　「端的に日本語で言いたいことを正しく英語で伝える力」(製造業、設計・技術者)
　「思ったことを伝える力、相手の言っていることを理解する力」(印刷・マルチメディア、テクニカルライター)
　「英語は、相手がどこの国の人であろうと、いろいろな国の人とコミュニケーションをする手段である。意思を貫き通せる英語力。場数が必要」(観光業、マーケティング)
　「『何を伝えるか』が問題。英語はただの道具である」(国立大学、専門教員(工学))
　「外に向かっての好奇心があり、コミュニケーションをしたいという気持ちがあれば言葉は通じていく」(出版社、編集)

⑵フォーマル度のコントロール能力
　「ON (ビジネス)、OFF (プライベート) の両方で通用する英語力」(放送局、営業)
　「単なる会話ではなく、海外のゲスト(VIP)にきちんとした応対ができ、英語でリラックスしていただけるよう接遇できる能力」(大学留学生課、事務)

(3) 論理性、スピード

「論理的でスピードがあり、バランスのとれた英語力」(製造業、人事)

(4) 専門知識・専門用語

「専門用語が適切な英語で伝えられる力」(大学留学生課、事務)

「知識に裏付けられたブロークンイングリッシュ」(エネルギー、事務)

(5) 英語資格試験のレベル

「TOEIC600点以上で、英検2級以上。高校卒業程度の英語力はほしい」(フリーランス、カルチャーセンター講師)

(6) 英語教員として、英語学習者のロールモデル

「大学入試の問題が解ける力、英語教師としてのカリスマ性が必要」(県立高校、英語教諭)

(7) 具体的なスキル別職務遂行能力

「読む:Eメールのやりとりをして、仕事のだんどりを外部の人とつけられる。書く:仕事で必要な文章(研究者は論文)を書くことができる。話す:同業者と、ビジネスなら商談、研究者なら研究打ち合わせができる。聴く:国際学会に行き、発表を聴いて理解ができる」(教育学専門教員)

7.4 まとめ

本調査を通じ、社会人の英語ニーズが多様化かつ複雑化しており、「仕事で英語を使用する」日本人像やニーズを単純に一般化することは難しく、また、過剰な一般化は好ましくないことが分かった。しかしながら、ある程度の傾向が浮かび上がった。

すなわち、「大学在学時の英語力や海外渡航経験とは関係なく、職場で英語の使用が必要とされるケースが多い」「仕事で英語を使用する状況には、

英語そのものが職業の手段、コミュニケーションの手段、情報収集の手段の3つがある」「読む、書く、話す、聴く、の四技能のうち必要なスキルはさまざまであり、ニーズは固定されていないことが多い」「英語を母語としない外国人と、英語を共通語として仕事上で使用するケースが多くなっている」「大学を卒業してからは英語を勉強している余裕はなく、職場のサポート体制も乏しいため、即戦力であることが期待される」ことが分かる。

　Graves（1996, pp. 12-16）は、「ニーズは多面的で変化しやすいため、一回限りの過程（"one-time only" process）」とみなすべきではなく、ニーズ分析は、その開発と利用の両方について、継続中のプロセス（on going process）として、考えるべきである」と主張している。複数のソースを対象に多角的な調査を継続的に実施・分析し、現行プログラムでまだ対処されていないニーズについて検討することにより、学習者や社会のニーズをさらに満足させる英語教育プログラムの提供が可能になると考えられる。

第8章
大学卒業後のプログラムの遡及評価

8.0　はじめに

　本章は、個人面接の第2の目的である「卒業生による全学教育英語プログラムの遡及評価」を分析・考察する。まず、語学プログラム評価の定義を明らかにし、次に、面接調査の結果のうち、大学卒業後のプログラム遡及評価に関する項目について分析し、他大学の英語教育プログラムの改革について述べる。最後に、分析結果に基づき、今後のカリキュラム開発について、示唆する。

8.1　語学プログラム評価の定義と卒業生調査の意義

　Richards（2000）は、語学教育におけるプログラム評価（program evaluation）を目的別に3種類に分けている。すなわち、(1)プログラムの現行の開発と改善のための形成的評価（formative evaluation）、(2)プログラムの中で生じる教授と学習の過程を理解するための啓蒙的評価（illuminative evaluation）、(3)あるプログラムの効果と効率や妥当性について割り出すための総括的評価（summative evaluation）である。このうち総括的評価は、通常、コースの終了後に実施されるものであり、九州大学全学教育でコース終了後に実施している「学生による授業評価」と、当調査「卒業生による全学必修英語プログラムの遡及評価」がこれに当たる。

　2007年現在、九州大学全学教育において実施中の「学生による授業評価」は、無記名の質問紙調査という量的調査の方式をとっている。当調査の面接対象者が九州大学在学中は、学生による授業評価は実施されておらず、教養部の英語教育に対するフィードバックをする機会を公式には与えられていな

かった。

　Richards（2000）が、プログラム評価の例として挙げている、「個人面接」、「集団面接」、「教室観察」、「教員どうしの相互評価」といった質的調査は日本の大学英語教育では一般的ではない。日本の多くの大学では九州大学と同様に、質問紙調査により、学生に授業評価をさせているが、「実施方法によっては逆効果になる可能性がある」という指摘もある。林（2004,p.207）は、「学生は指導法や授業内容については未経験である。その授業の価値を知らない場合が多い。そのような学生に評価させても、学生の態度を横柄にするだけである。自ら学ぶことに喜びや感動を感じるにはある一定の経験、年齢、性格が伴うのではなかろうか」と主張している。

　卒業生が個人面接を通じて、プログラム評価をする意義として次の3点が挙げられる。

　(1)卒業生は現役の学生と同じように、データ提供者としてある程度の信頼性が期待できる。

　(2)在籍学生に実施している調査が量的調査中心であるため、個人面接という質的調査を実施することによってより多角的な分析結果が得られる。

　(3)卒業生はプログラムを受講したという点ではインサイダー（内部者）でもあり、また、調査当時には九州大学の授業を受けていないという点ではアウトサイダー（外部者）でもあるので、主観的情報、客観的情報の両方が得られる。

　デイビス（2002, pp. 480-482）は「学生による授業評価の実施にはかつては論争があったものの、現在では一般的に実施されるようになった」とし、多数の調査により明らかになった学生による授業評価の実態の一部として、「1人の教員が同じ授業を担当する場合の授業評価は、継続して比較的何年も一定である傾向を示します。個々の教員に対する学生による授業評価は、現役の学生に実施した場合と卒業生に実施した場合ではあまり変化はありません」と述べている。今回の調査では、面接対象者は卒業して相当の歳月を経ているため、個人の教員の個々の授業についての正確な評価はできなかった。しかし、九州大学の英語プログラム全体の過去の傾向や問題点について、

英語を使用する卒業生の立場から客観的な情報を得ることが可能である。面接対象者の世代を30歳以上と限定したため、大学時代に受講した英語の授業について記憶が不確かであるという欠点もあるが、その一方で、卒業間もない社会人よりも、社会での英語ニーズを客観視でき、九州大学の英語教育がそのニーズを満足させうるものかどうかを判断することが可能で、自らの職業経験をもとに、大学に対して具体的かつ現実的な助言ができるという利点がある。

8.2 面接調査の方法

　Richards（2000, p. 300）は、プログラム評価の手法の1つとして面接を挙げ、「特定の問題に対する詳細な情報が得られるという長所がある一方で、時間がかかり、教員や学生のみが詳細に面接を受けるため、彼らの意見の代表性が不確かである場合がある」と指摘している。社会人を対象としたメールや手紙による質問紙調査、しかも無償となると回収率が低く、分析するのに十分な量を回収するのは困難である。より深い情報を得るために面接調査の中で、プログラムの遡及評価に対する質問をした。

　なお、第7章で述べたとおり、面接対象者には、調査者が、九州大学の卒業生であり、調査当時に比較社会文化学府の大学院生であることは事前に知らせている。卒業後に大幅に変化した点（たとえば、外国人教員担当クラスの増加、外部の英語資格試験の単位化、学生による授業評価、オンラインシラバスの公開など、（津田、2005a）も多々あるが、面接対象者に先入観を与えないため、九州大学の英語教育の現状や問題点については、こちらからの説明や資料提供は一切していない。オンラインシラバス、入学入試、共通教科書などを閲覧する以外には、たとえ九州大学の卒業生であっても、英語教育に携わる者でない限り、実質上、現在の英語の授業を観察したり、情報を入手したりする機会はないのが現状である。面接対象者には、大学、予備校、高校、カルチャーセンターの英語教員4名が含まれているため、九州大学の英語教育の現状を良く知る者から、卒業後の英語教育の現状を全く知らない

者や関心が低い者まで、大学英語教育の現況についての認識レベルは多様である。なお、「面接対象者の条件」「面接の手順」はそれぞれ、7章7.3.2、7.3.3で述べたとおりである。

8.3　面接回答の分析と考察

　以下に、(1)自分自身が受講した九州大学の教養部時代（当時）の英語の授業に対する評価、(2)現在の九州大学の英語教育・英語教員・学生の英語学習に対する意見や提言、の2点から回答を分析・考察する。

8.3.1　自分自身が受講した九州大学の教養部時代（当時）の英語の授業に対する評価

　「九州大学の英語教育について、覚えていることはありますか」と質問をし、大学時代の英語教育に関するエピソードを自由に語ってもらった。

　「特に印象に残っていない」、「あまり記憶にない」という回答者が3名（市役所、窓口）（製造業、設計・技術者）（大学、留学生課事務）いる一方で、3名が英語教員の名前（すべて日本人教員）を記憶しており、「授業はすべて英語で進められ、コミュニカティブで驚いた。すべての学生の英語日記について、添削していただいた」（フリーランス、カルチャーセンター講師）、「速読のプリントなど新鮮だった」（大学、英語教員）、「厳しい先生だったが、あとで役にたった」（放送局、営業）と、個人の教員の授業の進め方について、好意的な評価をしている。

　その他の回答は以下、(1)大学英語のあり方、(2)日本人教員への授業について、(3)外国人教員の授業について、(4)学生の態度、の4種類に分類できる。それぞれ回答内容と回答者のプロフィール（末尾のカッコ内）を挙げた後、考察を加える。

8.3.2　大学英語教育のあり方に関する評価

・高校の授業の延長。高校時代と変わらない。（市役所窓口）（大学留学生

課）（製造業、人事）
・日本では、大学の英語教育の必要性が明確ではないように思う。（市役所窓口）

　考察
　九州大学に限らず、日本における大学英語教育、特に低学年次の（事実上の）必修英語のあり方については、高校英語の延長との批判がある。理由の1つとして、英語科共通の目標の欠如が考えられる。九州大学をはじめ多くの大学では、英語教育改革を進めているが、英語教員間で大学英語教育はどうあるべきかについて、まだ、コンセンサスが得られていないことが伺える。

8.3.3　日本人教員の授業に関する評価
　ティーチングスタイル・指導技能・レベル・クラス規模などについて次のような回答があった。

・日本人講師の授業はいわゆる訳読。（県立高校、英語教員）
・読む授業で、学生は、順番に指名され、和訳を読むという感じ。（印刷・マルチメディア、テクニカルライター）
・読んで訳すといったもの。実践的ではなかった。（大学留学生課、事務）
・50人1クラスで、指名されて、訳出していたと思う。（市役所、窓口）
・教養部では英文を単に読んでいくという授業だった。（観光業、マーケティング）
・高校の教科書レベルか、それ以下の英文の長文読解を、評価が厳しいという噂の日本人教員が指導。授業そのものは厳しいとは思えなかった。（大学病院、医師）
・会話を丸暗記してくるのが宿題（テープ教材なし）で、授業では指名された学生が答えるというもの。丸暗記では実際には役に立たない。（フリーランス、司法通訳・専門学校・予備校英語教員）

授業の内容・教材については次のような回答が得られた。

・日本人教員の授業は、NHK のテレビ英会話をビデオ教材として使っていたが、授業で使う教材としてはいかがなものか。(エネルギー、事務)
・講読の授業は、内容が美学についてだったが、高度だったにも関わらず、楽しめた。(フリーランス、司法通訳・専門学校・予備校英語教員)
・教育学部で学びたくて九州大学に入学したのに、「イギリスの詩」や「服飾史」などを訳読したのみ。(私立大学、文系専門教員)
・全体的に、先生が自分の趣味に偏って狭い分野を教えている傾向がある。(放送局、営業)

考察
調査当時30歳代以上の九州大学卒業生が教養部時代に受けてきた日本人教員による英語の授業の特徴として、(1)文法訳読法を用いており、指導技能は主に英文和訳、(2)学生数は多人数で講義形式、(3)教材は訳読用のもので、レベルや内容は学生の進学後のニーズにかかわらず、個人の教員に一任であったことが考えられる。

当時、多くの教員が用いていたと考えられる文法訳読法とは、母語と書き言葉に対する依存度が高いという欠点があるが、長所として、知的に高度な内容の教材を用い、母語への翻訳によって意味内容を明確に理解することができ、文法構造を体系的に指導できる、という点を持った教授法である（白旗他、1999）。

英語教育を含め、日本の大学の外国語教育の場で、文法訳読型の講義が主流となる理由として、大学の語学教員が「研究のエキスパートではあるが、実は決して教育のエキスパートではない」ため、「あることを『知っている』ことと、それを『教えられること』は、別である」のに、「我々語学教員は、自分が教わった語学のイメージを、それを手だてにして教育の世界に入っていく」しかないことが理由の１つであろう（津村、2006, pp. 22-23）。

第５章のオンラインシラバス分析と本調査の結果を比較すると、日本人教

員のティーチングスタイルと指導技能は、最近は状況がかなり改善していると考えられる。2002年度のオンラインシラバスを見る限り、単調な講義形式の文法訳読法はむしろ少数派であり、教材として訳読用の文学作品を選択している教員は少なく、リーディングだけでなくリスニング教材も併用する教員が多い。

クラスサイズについては、教養部時代は50人程度のクラスを単位とする授業科目が主流であった。調査時の2002年度にはライティングやスピーキングを中心とする科目において20人から30人のクラスが導入されていた。

授業で使用する教材については、2002年度のオンラインシラバスでは、オーディオ機器やインターネットを使用する授業も増えているが、そのレベルや内容については個人の教員に一任されていたため、学生のニーズに合致しているかどうかは、判断が難しい[27]。

8.3.4 外国人教員の授業に関する評価

ティーチングスタイル・指導技能・レベル・クラス規模について次のような回答が得られた。

・超初級の英会話で失望した。(フリーランス、司法通訳・専門学校・予備校英語教員)
・英会話は大人数のクラスで、発話は指名されたときだけ、1時限に1回程度だった。(大学病院、医師)

---

27 2006年度入学者からのカリキュラムでは大幅な変化があり、2006年度「英語IIB」(1年生のリーディング、リスニング科目)は過半数のクラスで共通のオンライン教材を共通のシラバスに基づいて使用し、2007年度「英語IIB」と「英語IIIB」ですべて共通のオンライン教材(IIIBではIIBと同じシステムの上級教材)を使用した授業となる。2007年度のカリキュラム運営方針では、英語科編纂の独自教科書を採用する「英語I」(文法や文化的知識の講義中心)に加えて、「英語IIA」、「英語IIIA」(パラグラフ／エッセー・ライティングとプレゼンテーション)、「英語IIB」、「英語IIIB」(リーディング、リスニング中心)というほとんどの科目で共通の教科書を共通のシラバスに基づいて授業する形態になる。教員が自由に教材選択できるのは選択必修の「英語IV」と再履修者対象の「英語X」だけとなる。

・街の英会話スクールでやる内容を50人で受けるというもの。(県立高校、英語教員)
・英語ネィティブの授業を、40人の学生で受けた。英会話なら10人〜15人が限度だと思う。(エネルギー、事務)

考察

　面接対象者が九州大学教養部に在籍していた頃は、中学、高校の正課の授業で、英会話の授業があったり、ALT（外国人指導助手）が配備されたりすることは稀であったため、筆者は、英語母語話者である外国語教員から英語を習うということは新鮮な体験で肯定的に受け止められていると予想していた。しかし、「英語ネィティブの授業はどうでしたか」や「英会話の授業を受けましたか」といった方向づけをする質問をせず、自由に回答してもらったにもかかわらず、外国人教員について授業運営上の問題点を挙げる回答者が多かった。

　旧教養部時代の英語科目では、学生が、外国人教員か日本人教員かを自由に選ぶシステムでなく、ほぼクラス固定制である。したがって、いずれの教員が担当だったかで、大学英語に対する印象も大きく異なることが考えられる。仕事で英語を使っている卒業生のうち、外国人教員による授業（主に英会話）を受けたものが、必ずしも好意的な印象を持っていたわけではないことは注目すべきである。

　近年の大学英語の教育改革の場では、英語ネィティブスピーカー教員の採用増や、英会話等の授業のアウトソーシング、英会話学校通学の単位認定化などが話題になっており、5章で扱った再履修学生調査では外国人教員の日常会話の授業を望む意見が見られた。しかし、仕事で英語を使っている卒業生は、必ずしも大学で受講した英会話の授業に満足していたわけではなかった。2002年度のオンラインシラバスでは、教材が教員に一任されているため一般の英会話教本を主たるテキストとして使用している外国人教員が多かった。また、クラス規模は比較的小規模のクラス（20〜30名：「インテンシブ英語演習I/II」）と中規模のクラス（40〜70名：「総合英語演習」、「英米言語

文化演習 I/II」)が外国人教員に割り当てられていたが、それぞれに対応した効果的な授業を必ずしも行われていなかったことが推測される。
その理由として、(1)外国人教員の多くが非常勤教員であるため意思決定できる立場ではない、(2)科目内容などについて十分な意思疎通が行われていない、(3)外国人教員が大学で使用するのに相応しい教材がない、などが考えられる。

　大学の外国語学教育の場に外国人教員の数は増加しているにもかかわらず、外国人教員に対する大学側の支援不足、大学組織の分かりにくさも、問題を大きくしている。これは、九州大学に限定された問題ではなく、日本の大学で英語を教える外国人教員に共通する問題と考えられる。

8.3.5　学生の受講態度に関する評価
・単位さえ取れればよい、というムード。(製造業、人事)
・英語力は教養部時代に高校より落ちた。単位を取るためだけだった。大学院入試で英語の勉強を再開した。(私立大、文系専門教員)

　考察
　学習者の態度(learner attitude)は、個人の学習者が到達する第二言語(外国語)の習熟度(proficiency)レベルに影響を与え、習熟の成功度に影響を受ける。Ellis(1994, p. 200)は、一般に第二言語とその話者・文化に対してプラスの態度は学習を強化し、マイナスの態度は学習を阻むと考えられているが、必ずしもそうともいえないと述べている。学ぶことに対して強固な理由がある時、「学習者のマイナスの態度が第二言語学習にプラスの効果を生む場合もある」と主張している。日本の大学生の場合、学生の消極的な態度そのものよりも、入学の低学年次に、英語を学習する強固な理由が認識されていないことに問題がある。学習する理由がなければ、単位を取るためだけに履修するということになりがちである。

　日本の大学英語教育では、大学入試という外的動機づけ(extrinsic motivation)を失ってしまった学習者に、新たな内的動機づけを喚起するための環境づくりが必要である。Brown(2000, p. 77)は「語学学習者にとって

内的動機づけだけが成功の決定要因ではなく、どんな達成を望もうとも、いかに努力しようとも、成功しないこともある」と指摘している。さらに「教室での学習者は、個人的な理由から言語能力（competence）を高めたいと自ら望む場合、言語活動を行う機会を与えられれば、外的な動機づけだけの場合よりも成功する可能性は高い」と主張している。日本の大学では、大学入試という目標を失った学習者に英語学習を行う理由を考えさせる機会を与えて、新たなる学習目標を設定させることができない限り、学習者の態度は今後も変わらないだろう。

8.3.6　現在の九州大学の英語教育・英語教員・学生の英語学習に対する意見や提言

質問項目「九州大学の現在の必修科目としての英語教育について、大学・教員・学生への要望およびアドバイスはありますか」に対して、自由に回答してもらった。内容は以下7つの項目(1)プログラム・コースデザイン、(2)四技能、(3)クラスサイズ、(4)授業の内容・テーマ、(5)成績・評価、(6)学生への助言、(7)プログラム実施者への提言に分類できる。以下、各分類ごとに回答を列挙し、最後に考察を加える。

(1)プログラム・コースデザイン

学部・大学院進学後の専門教育、また、卒業したのちの就職後に必要な英語について、卒業生からは長期的な展望にたった英語教育を望む声が多数あがった。
・教養部だけでな、本学でも英語は必須にし、英語学習から離れてしまうことがないようにしてほしい。（製造業、人事）
・やる気のある学生向けのプログラムが必要。（国立大学、理系専門教員）
・医学部や工学部では、論文の書き方の授業があってもよいのでは。（観光業、マーケティング）
・長期的な視点にたって学ばせなければならない。専門に進学してからも、法学英語のような授業があったほうがよい。（エネルギー、事務）

第8章　大学卒業後のプログラムの遡及評価

・専門の先生が教養部に出講し、専門分野の英語の原典を教えるというクラスが不足していた。専門課程進学後、大学院入試の準備やゼミでの原書購読も、義務感でやらされていると感じていたが専門分野の研究をするには、英語の論文を読むしかなく、必死にやってきた。（私立大学、文系専門教員）
・エンジニアにとって、英語は商売のツールである。英語で正確に伝える力と、英語以前の問題としてコミュニケーション能力が必要。実践で交渉するために、人前で話すための準備や考えて説得する力をシミュレーションや座学を通じて学ぶ機会があるとよい。題材は何でもよい。（製造業、設計・技術者）

(2)四技能

　仕事で英語を用いている同じ大学の卒業生の中で、大学で教えるべきだと考えている技能については、意見が一致していない。この面接においては、文系か理系で特に相違はみられなかった。
・日常会話の授業は正直言って必要ない。ライティングが重要である。ビジネスライティングの授業があるとよい。（製造業、人事）
・もっと、多読をさせてほしかった。新聞など、普通の読み物で日本語の中学生でも知っているレベルの単語（高血圧、乳がん、心臓病、など）を英語でも知っておきたい。（国立大学、理系専門教員）
・リーディングが多すぎた。楽しく話すという授業があってもよいのでは。せっかくの語彙力がムダになる。教養的なものというより、もっと気軽なもの。ビジネスについてトピックを与えて話し合うなど。（出版社、編集）
・アウトプットをする授業が必要。（放送局、営業）
・会話力が足りなかった。また、使えるライティングを習いたかった。前職の国際交流機関在職中に、英語ネィティブからレターのライティングを指導されたが、彼らは、子どもの時から、しっかり母語のライティングを習っている。日本人は国語でもライティングを習っていない」（印刷・マルチメディア、テクニカルライター）
・リスニング、スピーキングは学ぶ機会が少ないので、その場で対話できる

力が欲しい。リーディング：長文を大量に読むこと。ライティング：九州大学ではなかったが、議論の運び方を学べるとよい。（大学病院、医師）
・英語は、何であれ世界の共通語なので、会話力を培って欲しい。『読み書き』も不足していると思う。（市役所窓口、地方公務員）

(3)クラスサイズについて
　自分が受けた英語の授業はクラスの人数が多かったことが印象に残っている卒業生が複数名いた。
・1クラスの人数を減らして、おもしろい文献を読み解くなどの工夫が欲しい。会話の授業を大人数でやっても意味がない。モノになっていない。（市役所、窓口）
・基本的に語学は少人数クラスでやるべき。最大20名くらいで。（フリーランス、司法通訳・専門学校・予備校英語教員）

(4)授業の内容・テーマ
　卒業生は現行の授業の内容やテーマに触れることはほとんどないため、自分自身の受けた授業内容のみから推察して意見を述べている。
・とにかく使える英語を教えて欲しい。先生の趣味の内容でなく、ニュース英語や大統領のスピーチなど、学生が自分たちでプロジェクトを作り、調べることができる内容のものが良い。（フリーランス。司法通訳・専門学校・予備校英語教員）
・シェークスピアなどを工学部の学生に読ませても無意味。文学は避けて欲しい。（国立大学、専門教員）
・ディベートの授業もあるとよい。通訳を通じての交渉で、Noという時にそのタイミング、論理が、日本人は下手だったので。（観光業、マーケティング）
・大学の必修英語ではディベートは特に必要ではなく、企業ではかえってその技術をそのまま用いると問題がある場合もある。（製造業、人事）
・授業でTOEIC対策をするのは本末転倒である。たとえば、TOEIC600な

どを卒業単位とし、学生が個人の判断で勉強をし、結果を出せなければ卒業させないくらいでないといけない。(エネルギー事務)

(5)学生の成績評価

成績は厳格にするべき、という意見があった。
・学生を甘やかしてはいけない。規定のレベルに達しなければ、単位を与えてはならない。結局、本人のためにも、大学生のためにもならず、九州大学のネームバリューを落とす結果になる。留学先の米国では、魅力ある授業を提供し成績評価が厳格な先生ほど、人気があった。この先生がいるから、この大学に入りたいと思わせる必要がある。(エネルギー、事務)

(6)学生への助言

学生への助言の中には、卒業後の英語ニーズ、学習態度や自己啓発（家庭学習・国際交流）などへの言及があった。
・文系・理系を問わず、英語だけは学習しておいたほうがよい。(観光業、マーケティング)
・初めから世界レベルの研究者になることを目指しておくと、おのずと英語の実力がつく。(私立大学、文系専門教員)
・学生の側に目的意識がなければ、自分のものにはならない。ただ、やる気のある学生向けのプログラムが必要。ただし、今だったら学生が自分でやろうと思えばできる。(国立大学、理系専門教員)
・学生には、受身ではなく積極的にかかわってほしい。(市役所、窓口)
・学生は語学力だけではなく、食らいつく気持ちで情報を集めて世界に出て行って欲しい。(大学留学生課、事務)
・90分で週1〜2回の授業と、時間の制約が大きい。授業をあてにせずに、家庭での学習が重要。家庭での勉強との連携が必要。(英語・専門教員)
・学生は、海外にせめて1ヶ月でもいいから、ホームステイをしてみるとよい。(フリーランス、カルチャーセンター講師)
・学生は外国人の友達（留学生など）を作るとよい。(出版社、編集)

(7)プログラム実施者・意思決定者への提言

以下のような国際交流支援や社会人・卒業生との連携を望む声があった。
・国際交流が九州大学の方針なのに、ハードが整っていない。英語力だけではなく、コミュニケーション養成力をつける授業があると良い。交換留学などのサポート制度やチューター登録など、さまざま機会があるのに十分活かされていない。また、他大学（早稲田大学）にくらべて学内のサポート体制（言語文化部や他の事務方）がうまく機能していない場合もあるように感じる。（大学、留学生課事務）
・他大学とくらべて、社会人とのコネクションが薄い。また、4年間（もしくは大学院までの6年間）を通じて何を学べるか、カリキュラムを考えるコーディネートが必要。長期的な視点にたって学ばせなければならない。（エネルギー、事務）
・地場の大手の企業の方の講演などがあるとよい。（製造業、人事）

考察
(1)プログラム・コースデザイン

学生の専門進学後、卒業後の英語ニーズを考慮したESP、EAPのプログラムの導入の必要性が示唆された。この個人面接のもう1つの目的である「卒業後の英語ニーズ分析」（第7章）では、社会に出た後では、英語の学習をしている暇はなく、即戦力が期待されていることが明らかになっている。九州大学で2006年度から実施された新カリキュラムでは、全学教育科目の英語科目もEAPの基礎という性格を強めている。（表4-2「旧カリキュラム（1999年度～2005年度）と新カリキュラム（2006年度以降）の対照表」）また学部や大学院で提供される英語関係の授業も増えている。今後は大学院までを含めた体系的な英語カリキュラムの構築に全学的に取り組む必要がある。

(2)四技能

会話力（すなわち、スピーキングとリスニングを中心としたオーラル・コミュニケーションの能力）の養成を期待する意見と、逆に、日常会話の授業

は必要ではないという意見がある。リーディングが多すぎたという声がある反面、長文を大量に読むことが望ましいという意見もある。ただし、アウトプット、特にライティングの重要性を感じている卒業生は多い。

(3)クラスサイズ

過去の九州大学の授業をふりかえって、卒業生がクラスサイズの大きさを問題として指摘している。クラスサイズの大きさについては、九州大学だけではなく、いまだに多くの大学が解決できない長年の課題の一つである。武久（2004）は、「国際的に見た日本の異言語教育」のなかで、教育効果とクラスサイズの関係と日本の語学教育の現状について、以下のように指摘している。

> わが国では、クラスサイズが教育効果と密接な関わりを持つという認識は、実に不思議なほどに希薄である。認識どころか、そんな研究関心さえもきわめて乏しいと言ってよい。筆者の調査によれば、国立教育研究所をはじめ、都道府県レベルの教育研究所、さらにはわが国の大学においてさえ、クラスサイズが教育効果に及ぼす影響についての組織的な研究がなされた例はほとんどない。まことに信じ難いという他ない。したがって、わが国の公立小・中学校の学級編成基準である40人についても、これが教育的には、いかに巨大クラスであるかという認識さえも、われわれ日本人の間には乏しい。－中略－ もっとも、1998年11月になって、文部省の調査研究協力者会議が初めて、現在の40人のクラスサイズの弾力的な編成も認められるようになった。しかし、そのために不可欠な条件であるはずの教員の増員についてはほとんど考えられていない。

大学の場合はさらに深刻である。大学の外国語クラスサイズは、いまだに50人や60人はめずらしくない。京都のある国立大学では、長年にわたって1クラス75人というマンモス英語クラスが存続してきた。ところが同じ国立大学でも、少人数教育になれた外国からの留学生に対しては、日本人学生とは違った特別の扱いをする。たとえば東京外国語大学の留

学生向け日本語クラスでは、クラスサイズが8人を超えることは原則としてないと言われる。一般に欧米の大学では、クラスサイズがその大学の教育的熱意が測られるためである。たとえば、ハワイ大学の外国語のクラスサイズは、上限を15人と定めて、それを超えることは原則として認められない。
(武久, 2004, pp.475-477)

九州大学をはじめ多くの大学で、英語は事実上の必修外国語としてほぼ全学生が受講するという体制の下では、限られた教員数や教室数という制約の中で、すべての英語の授業を少人数クラスにするのは難しい。現状が改善されるまでは、個人の教員で人数の多いクラスに対応する工夫をするよりないが、教員間の経験の共有も有益と考えられる。英語教員向けの指導書には、クラス規模が大きい場合の授業運営について、提案をしているものも多い(Brown, 2000, pp. 196-197; Ur, 1996, pp. 302-316)。

(4)授業の内容・テーマ
　実際には、オンラインシラバス分析から今では英米文学を題材にしているものはむしろ少数派で、ニュース英語、スピーチ、ディベート、TOEIC対策に材を取っている教員も多いことが分かっている。このうち、TOEIC対策については、「授業で試験対策をするのは本末転倒である」という意見についてであるが、英語教育の見地から見ても、「TOEICはビジネス重視である」「TOEICでは少なくとも、100時間以上の語学研修を受けなくては、点数の上昇が期待できないことから、TOEICで、コースの学生の進歩の度合いを測定することはできない」(Trew, 2006) 観点からも全学教育での必修英語での一斉導入については問題が多い。

(5)成績・評価
　一貫した成績の基準がなく説明責任が十分果たされていないために、学生

は「単位が取りやすい」という風評だけで、授業内容も確認せず履修するということも考えられる。成績評価の各教員間で一貫性のなさ、成績評価基準の明瞭さは、学生の受講態度にも影響を与え、教員や大学教育全体に対する不信感を招く。全学教育の成績は、進学する学科・コースや就職での評価に影響することも考慮しなければならない。

(6) 学生への助言

学生だけでなく語学教員であっても、卒業生の経験に基づく英語学習に対する提言や社会での英語ニーズについての情報に触れることは少ない。英語を仕事で使う卒業生や、本学大学院進学者からの助言を聞く機会があれば、学生の学習動機の内在化の一助となるだろう。

(7) プログラム実施者への提言

他大学と比較した場合の九州大学特有の問題に対する提言が挙げられた。こういった提言は、現役の九州大学生を対象とした調査からだけは得ることが難しい。国内外を問わず、優れた大学英語教育プログラムやその支援体制については、絶えず情報収集をし、さらなるプログラムの開発・改善に活用することが望まれる。

8.4 九州大学の英語教育プログラムへの示唆
— FD組織化、現場からの発信、社会人との連携 —

第7章と第8章（本章）の大学卒業後の個人面接による意識調査と第5章のオンラインシラバス分析に基づき、今後の英語教育プログラムのさらなる改善のため、以下に提言事項を列挙する。

提言1： FD組織化・教育経験の共有のための「ニーズ分析」「コース・プログラム評価」の体系化とデータ共有・一般公開

小湊（2006, pp.7-17）は「FDの組織化と教育経験の共有」の必要性を指

摘し、日本国内の FD の現状について、「講演，ワークショップ形式が主流となっており，また学生の現状把握として授業評価アンケートが実施され、その結果を教員にフィードバックするために利用されることも多い」が、「FD の対象はあくまでも教員個人に向けてのものであり、FD をふまえて教員が自身の授業改善に役立てるという観点が重視されている」と分析した。また、「個人で授業改善を行うには時間的制約が大きい」とし、「大学教員は研究トレーニングを受けてはいるが、教師としてのトレーニングを受けないまま授業を行わざるを得ない状況に立たされているのである。そのような背景を有する教員に対し、概論的な教育改善や授業改善の事例を伝えるだけではその効果は限定的なものとならざるを得ない」ため、「FD の効率性や実効性を高めるためには従来の方法を踏襲するだけでは限界がある」と述べている。

また、九州大学について小湊（2006）は、「全学 FD、部局 FD とも実施はされているが、そこで得られた知見を視覚化、形式化する体制が十分に取られていないこと」を指摘し、その実例として、「九州大学の学生にあった教授法の蓄積、授業類型（知識積み上げ型の学習や体験授業等）に応じたティーチング・ティップスの開発、シラバス作成に関するガイドラインやハンドブック」の欠如を挙げている。

小湊（2006）はさらに、「海外における FD プログラムの組織的な取り組み」として欧米の先行実例を列挙する中で、アメリカ最大規模の FD 団体 POD (Professional and Organizational Development Network in Higher Education) の 3 つの定義として、(1)教員開発（Faculty Development）、(2)教授法開発（Instructional Development）、(3)組織開発（Organizational Development）を挙げ、教員個人の授業改善を対象とした取り組みに限定しない、広義の FD 概念について紹介している。

FD の定義中で、(2)の教授法開発と(3)の組織開発を進めていくためには、ニーズ分析やコース・プログラム評価を体系化し、教員間でデータ共有をし、一般公開をすることが必要であると考える。現在、九州大学を含め日本の多くの大学で、学生による授業評価は実施されているが、進学後、卒業後の

ニーズや、コース・プログラム自体の評価が実施されている例は少ない。また、CALL の導入、共通教科書の指定、少人数制・到達度別クラス編成、TOEFL/TOEIC など共通テストの導入など、新しい試みが実際に有効であったかなどについて、組織的な調査が実施されていない場合もある。

　FD の定義(1)の教員開発（Faculty Development）については、九州大学に限らず、大学の低学年次において語学教育に携わる教員は、非常勤教員や英語ネィティブ話者である外国人教員の割合が多く、FD の恩恵を受けることも少ない。また、他大学での経験のある非常勤教員や、日本以外の国・地域での外国語教育・学習経験のある外国人教員であれば、多様な視点を持ちプログラムを客観的に判断する資質を持つ可能性があるにもかかわらず、カリキュラム策定の意思決定の場にはいないことも考慮すべきである。

　ニーズ分析とプログラム評価は、より良いカリキュラムを開発するためには必須である。学習者や教員の希望や欲求のみに基づいて、場当たり的に科目を計画するのではなく、学部専門教員や大学院教員からのニーズ、社会人のニーズを常に調査し、実際のニーズとカリキュラムで提供している内容との不整合を埋めていく作業が必要である。

提言 2：大学の英語教育の現場からの発信
　九州大学の場合、現在はオンラインシラバスをパスワードなしで閲覧することができるため、在学生でなくてもどういった授業科目が開講され、どんな授業を行い、どういう教材を使用しているかというような情報を入手することができる。大学の志望者やその保護者、卒業生、高校・中学教員、また、卒業生を雇用しようとする企業、官公庁の職員が、その大学でどういう教育をしているかを知るのに、大学の公式ホームページ、卒業生・在学生からの評判、予備校やメディアによる大学ランキングなどの手段がある。『大学ランキング2007年版』（朝日新聞社、2006, p. 867）によれば、九州大学は「高校からの評価 A（生徒に薦めたい★★★★、進学して伸びた★★★★、広報活動が熱心★★★★」に対し、「学生の満足度は C（うち、教養教育★★、専門教育★★、進路支援★★）」であった（総合評価は A, B, C の 3 段階、個別

の3項目は★の数で5段階)。

現在、大学英語教育で革新的な試みをしている大学は多いが、聴衆が大学教員など専門家に限定されがちな学会だけではなく、一般読者を対象にした商業出版物で、英語教育改革について発表している大学が増えている(第2章, 表2-7参照)。九州大学を含む九州の大学で商業出版でその試みを発表する例は見当たらず、アピール不足の感がある。九州大学の全学教育の英語の現場では共通教科書を出版するなど、さまざまな新たな試みをしているが、現状の改革の成果は学外に知られることは少なく、卒業生でさえも、旧態依然と考えているのではないだろうか。多くの留学生が学ぶ国際性豊かな地方の国立総合大学として、積極的な学外への発信が望まれる。

提言3:　卒業生を中心とした社会人との協力体制

今回の調査対象は、九州在住の日本語話者の卒業生に限定しているが、今後、卒業後のニーズやカリキュラム開発について、継続的に調査・研究を実施していく上では、調査対象を、留学生や海外在住の九州大学卒業生にも広げる必要がある。たとえば、学務部キャリアサポート室と協力体制をしき、雇用者調査の一部として、入社試験での英語試験の有無、英語資格要件の有無、新入社員対象の語学研修の有無などの調査を実施することも考えられる。就職の英語試験の現状を大学側が調査する必要性については、「大学は就職予備校ではない」という批判もあるだろう。しかし、社会のニーズにあまりにも無関心すぎた結果が、役に立つ英語を教えてほしかったという卒業生の厳しいプログラム評価につながっている。

また、7章で述べたように、大学を卒業後に必要とされる英語のニーズ・レベルについては即戦力を求められるという社会の厳しい現状を知ることは、学生にとっても、英語教員にとっても、有益である。また、ニーズ調査にあたっては、他大学の研究との比較をして、九州大学特有の問題なのか、日本の大学英語教育特有の問題なのかを識別することも重要である。社会人に貢献してもらうことができる授業への支援の中には、ロールモデルとして授業へのゲストスピーカーとしての参加やカリキュラムや教材作成のための情報

や意見の提供の依頼などが考えられる。

8.5　まとめ

　本章では、九州大学の英語教育の効果を検証し改革への提言を行う試みの一環として、卒業生の声を聞いた面接調査の結果から、卒業後仕事で英語を使っている彼らが学生時代の英語教育をどのようにとらえているのかを明らかにした。このインタビューの分析と2002年度の授業シラバスの分析を通じていくつかの提言を行った。現行のカリキュラムは急激に変化しており、できるだけ最新の情報に基づいて注記などを試みたが、本章で問題となった点が改善されるなど、新たな問題点が生じている場合も多いことも考えられる。今後、英語教育についてこのような実証的なプログラム評価が体系的に行われ、カリキュラム改革や授業法の改善などに役立てていくような研究を継続していかなければならない。

第 3 部

大学英語のプログラムデザイン・教育実践への示唆
―「接続的」「継続的」「国際的」なカリキュラム開発の視点から

第 9 章
英語教育の「接続性」を目指す学習者支援
初年次英語教育におけるリメディアル教育のニーズと課題

9.0　はじめに

　この章では大学英語教育における「接続性」への取り組みとして、日本の大学における英語リメディアル教育の位置づけとニーズについて述べ、英語リメディアル教育の導入のその可能性と実施上の課題について考察する。

　田中（2007, p.13）は、「学生の学力低下問題と英語教育」として、18歳人口の減少と大学入試の多様化等による入試競争の緩和により学生の学力低下問題や基礎学力のばらつき問題が将来、大きな問題に発展する可能性を示唆する一方、国際社会での国際コミュニケーション能力としての英語力の高度化が必須であることを主張している。そして、大学英語教育におけるリメディアル教育を、国際社会と市民社会の多様なニーズへの対応策として位置づけている。

　日本の大学英語教育における目標を、「大学においてリメディアル教育（やり直し教育）から始めて卒業するまでに仕事に使える英語力の基礎を習得すること」（小野, 2005）とすれば、大学必修英語のプログラムでは、専門課程進学後や卒業後という将来的ニーズに基づく継続性を意識した専門英語（ESP）（第 11 章）と並行して、従来の総合英語（EGP）の枠組みで、高校との接続性を意識したリメディアル（補習）教育としての導入が必要となる。

9.1　リメディアル教育とは

　日本では初年次教育とリメディアル教育の定義が確立されておらず、米国では Developmental Education という言葉が一般化している（小野, 2005b）。

藤田（2005）は、初年次教育とリメディアル教育の共通点として、「大学側で何とかしてやらないと、大学生としての本来の学習が成立しない」こと、相違点として、リメディアル教育は「高卒レベルの学習内容の補習」であるのに対して、初年次教育は「高校までの"勉強"を、大学での"学び"に再構築するためのものという点を挙げている。山本（2001）は日本のリメディアル教育のパターンとして、(1)高等学校までの教科教育復習型：未履修、または学力不足と判断された高等学校教育課程の教科・科目について大学で行う補完授業、(2)大学での学習活動の入門型：専門教育（ゼミナール・研究室等）の活動に必要な学習スキルを教授するもの。たとえば文章表現、議論の進め方、報告・プレゼンテーションの方法、文献・資料の探し方、パソコン・ネットワーク操作など、(3)大学専門課程受講前の専門知識の導入型：「高等学校までの教科教育復習型」と異なり、高等学校の指導要領外でかつ大学の専門教育に必要な学力や知識を講義するもの。いわゆる従来の一般教養ではなく、近年学生の学力低下に伴って設置された教育課程を指す、(4)入学前教育：入学手続きをした合格者を対象にレポート提出や集中講義など入学前に実施する教育を指す、として分類している。このうち、初年次教育での主に必修科目としての英語教育は（1）高等学校までの教科教育復習型にあてはまる。

　日本の英語教育でリメディアル教育が主流でなかった理由を、酒井（2005）は、日本の英語教育界での研究、発表が英語教授法に関するものであり、この教授法が英語習熟度の高い学習者をほとんど対象にしており、習熟度の低い学習者を対象にした科学的研究はほとんど実施されていなかったため、と指摘している。このため、大学の正規のカリキュラムとして英語のリメディアル教育をしている例はまだ少なく、個人の教員の対応に任されていることが多いと思われる。

　清田（2005）は英語のリメディアル的な支援が必要な大学生の特徴として、「英語の基礎的な文法知識が断片的な習得にとどまり、体系化できてない」「授業において達成感が得られないことが意欲の欠如につながっている」「英語の基本的な学習方法が身に付いてない」ことを挙げ、「以上の３点の理由

から独立した学習者になれない」として、「基礎的な知識が体系化できていない学習者のすべき学習とは、授業で不十分だった知識を補い、授業において得た知識を復習すること」と述べている。

中村 (2005) は英語習熟度の低い学生について、英語のつまずきと他の科目とのつまずき (漢字など日本語の文字の認識) についての関連性を指摘している。このように、個人の英語教員の個別的な教育や研究努力だけではなく、他の初年次教育に携わる教員間の教育・研究での協力体制が必要と考えられる。

9.2 分析結果と英語リメディアル教育

本研究第5章「シラバス分析」大学または学部が統一してデザインする共通シラバスではなく、個々の教員の自由裁量に任せて作成されたシラバスでは、「学生の多様なニーズ・レベルへの配慮不足」が生じ、「大学入学以前の英語教育との接続性」に対する配慮が欠如しがちであることが分かった。

本研究第6章、第7章の「卒業後の英語ニーズ分析、プログラムの遡及評価」により、卒業生への面接を通じて、大学卒業後、業務で使用する英語のニーズは複雑かつ多様化しており、大学での英語教育への期待が高まっていることが判明した。30歳以上の卒業生の場合、在学時の英語力や海外渡航経験とは関係なく、職場で英語の使用が必要とされるケースが多いこと、英語を勉強している余裕はなく、職場のサポート体制も乏しいため、即戦力として期待されていたことが明らかになった。

第8章の「再履修学生調査」で、日本の大学一年生の英語力について、一般化して論じることは難しくなっている現状が明らかになった。日本語を第一言語としない留学生や英語圏での滞在経験が長い日本人学生が増え、教室内での国際化が進む一方で、推薦入試、AO入試など、大学入試形態の多様化により、英語の基礎学力が欠けている層も生まれつつあることが推測された。

井手 (2005) は、長崎大学のリメディアル教育の現状について、次のよう

に報告している。長崎大学で工学部や水産学部を中心とした実業系高等学校の卒業生の受け入れが進んでいること、医学部での社会人学生の入学事例があること、学士課程への留学生が全学的に増加していることから、多様な学習履歴を持った学生が1つの初年次教育という枠組みで学ぶ「大学生の大衆化」「国際化」が生じている。そして、「工学部リメディアル教育」として、学生の授業理解度の測定を行い、学生が苦手だと捕らえている単元または発展的な内容を望んでいる単元を確定し、学生の学びの要求を授業に反映させることが必要であることを明らかにしている。

9.3 英語リメディアル教育導入にあたって取り組むべき課題

9.3.1 リメディアル教育のニーズ分析、コースデザイン

カリキュラムの刷新においてはニーズ分析が重要であるが、何を変えるべきかについては、「学習者の観点」「研究者の観点」「雇用者の観点」「教員の観点」といった、多数の異なる観点が存在する。(Richards, 2001 , p.66)

学習者が英語のリメディアル教育のニーズを具体的に意識している場合もある。たとえば、筆者が2007年6月に、「英語基礎」を受講中の中村学園短期大学部食物栄養学科1年生を対象に、質問紙調査を実施し、「英語学習で困難に感じていること」を自由に記述させたところ、「筆記体の読み書きができない」「英語の文法用語が分からない」「他の学生と自分の学力差が気になる」という3点についての記載が多かった。授業を担当する教員の観察に頼るだけでなく、学習者個人のニーズ、大学・学部固有のニーズや卒業後のニーズについて、長期的、多角的な調査をし、その結果に基づいたコースデザインをする必要がある。

藤田（2005）は、初年次教育の実践時の検討課題として「単位認定の有無」「必修にするか」「通常の授業コマで開講するのか、オリエンテーション期間などにおこなうのか」「授業は専任教員が担当するのか」「全学部あるいは全学科などで統一内容にするか」という4項目を挙げ、「リメディアル教育」実施時にも同様の議論が必要としている。

日本では、リメディアル教育自体がまだ、新しい試みであること、英語という語学科目の特性から、コースデザイン時に考慮すべきことの例として、以下の項目が考えられる。

(1)「担当教員」について
　日本人教員と外国人教員どちらが望ましいか。
　専任教員が対応するのか、非常勤教員でも担当可能か。
(2)「導入時期」について
　入学前指導とするか。学部進学前か。補習教育か。
(3)「教材・教具」について
　市販の教材か、オリジナル教材か。CALL は使用できるか。
(4)「評価の方法」
　相対評価か、絶対評価か。

9.3.2　英語リメディアル教育の高大連携

　「九州地区3大学の必修英語の再履修学生を対象とした、質問紙による調査」(2005 年後期に実施。本研究第6章) の実施前に行った予備調査から、英語を再履修している学生、また、苦手意識が極端に強い学生には推薦入試やAO入試で入学したため、大学入試で英語科目を科されていない者が多く、中には、高校入試でも英語を受験していなかった者も含まれていることが分かった。入試の多様化により、英語力によって選抜されることなく高校や大学へ入学している学生がいる。入試英語の washback effect(波及効果) について、高校教員と大学教員が協力して調査研究をすれば、さらに学習者と社会のニーズを満たすプログラムを提供できる。高校入試・大学入試の種類と英語の試験科目の有無が、大学入学後の学習態度や成績に影響があるかについて、追跡調査をする必要がある。

9.4 まとめ

　今後、日本の大学はさらに学生の学力の多様化が進むと考えられ、高校までの既習外国語である英語については、リメディアル教育が必須である。大学の英語教員が個別に場当たり的に対応するのではなく、専門教員や高校教員と協力しながら組織的に取り組むことが望ましい。

第10章
協同学習によるクラスルームマネジメント

10.0　はじめに

　大学の英語教育という枠組みの中で言語コミュニケーション能力を育成するためには、大学卒業後の英語使用状況をふまえ、継続的な視点を持ったアプローチが必要である。本章では、グループやペアで学ぶことで社会性が身につき、コミュニケーション力が養成でき、学習者の多様性を最大限に活用できる学習法として、協同学習についてとりあげる。そして、クラスルームマネジメントのあり方として、大学英語教育への協同学習の導入の利点と、導入時に解決すべき課題について考察する。

10.1　協同学習の定義と、社会のニーズ

　本研究では、協同学習を以下の定義を採用する。

> 協同学習とは、教師主導型の教え方と対立する概念として考え出された教授方法の1つで学習者が互いに学び合える場を提供し、与えられた課題をグループまたはペアで協力して取り組む学習を指している。インターネットを活用しての学習も一種の協同学習と言える。異文化の学習や国際理解教育にも協同学習を取り入れると有効であろう。協同学習として取り扱われるグループは、自分たちの学習課題達成に責任を持たされており、グループの仲間の学習の促進にも役立つ働きかけをするように動機づけられている。協同学習という場合は、そのような学習グループ同士が打ち解けて、明確な目的意識を持って情報交換しながら学んでいくことを目指すために編成された学習グループである。グループ学習

を通して学習者は「学び方」を見につけることもできる。

(山岸, 2003, p.82-83)

　第7章、第8章で、業務で英語を使用している30歳以上の九州大学卒業者を対象に、個人面接を実施し、必修英語プログラムの遡及評価と、大学卒業後の英語ニーズについて、分析・考察を行った。この面接を通じて、大学卒業後、業務で使用する英語のニーズは複雑かつ多様化しており、大学での英語教育に期待がかかっているにもかかわらず、特に低学年次の必修英語のあり方については、「高校英語の延長」「大学英語教育の意義が分からない」と答える回答者が多く、大学英語教育は、社会のニーズを十分に満たしていない、との印象を持つ卒業生が多いことが分かっている。この調査では、英語を使う仕事を(1)英語の専門職（教員、通訳、テクニカルライターなど）(2)英語の非専門職（文系）(3)英語の非専門職（理系）」に分けて、分析した。個人の英語能力の技能が重要視される(1)の英語の専門職以外の職業に就く者を除けば、大学卒業生の職場での英語ニーズがある場面では、優秀な英語遣いの単なる個人プレーよりも、グループ単位の相互信頼に基づく「協同」作業の積み重ねによるものがさらに重要であることが考えられる。

　「自分たちはグループ単位で作業を進めているため、ベテランの技術者で抜群の技術力があれば、語学力がなくても、周囲が語学力をカバーすればよい。しかし、若手・中堅の技術者で語学力がないことは許されない」（製造業、設計・技術者）という回答から、大学卒業者には一定水準の英語力は必要であるものの、職場では各自、協力しあいながら、業務を進めていることが推察される。また、語学そのものを生業とする(1)英語の専門職についても、常に個人同士が競い合って、英語の業務に取り組んでいるだけではない。翻訳者はチームを組んで共訳作業をしたり、同時通訳者はペアを組んだり、英語教員もチーム・ティーチングを実施したりと、協同作業が必要な場面もある（猪浦, 2003）。

　この面接調査から、日本の大学の英語学習者全員が、読む、書く、聴く、話す、の英語の四技能すべてに秀でていることを卒業後、期待されているわ

けではなく、また、学習者同士が点数を競い合ったり、他の学習者と干渉せずに個別に学習をしたりするよりも、お互いにグループ内で助け合って学びあうことのほうが、実際の社会生活での英語ニーズ使用場面に近いことが分かっている（第7章）。そのため、一方向型の講義形式の授業や、個別学習が中心となる現行のCALL型の授業のみの提供をするだけでは、社会のニーズを真に満足させるものとは言えない。グループの一員として、英語をコミュニケーションの手段として使いこなしながら、学習目標をグループ全員で達成することを学ぶことこそ、卒業後の社会のニーズに合致している。「（どちらかが助かり、どちらかが沈む）競争的取り組み」や「（互いに干渉しあわない）個別的な取り組み」ではなく、「（浮沈をともにする）協同的取り組み」（ジョンソン他, p.41, 2001）を授業に取り入れるならば、学習活動が実際に仕事で英語を使う実際の状況により近いものになる。このことから、大学の英語教育の場において、協同学習は、「実社会への準備」をするのに最適なアプローチの1つと考えられる。

10.2 協同学習が大学英語教育にもたらす「正」の影響

第5章で、376クラスのシラバスデザインについて検討した。調査対象大学である九州大学では、シラバスデザインをそれぞれの教員の自由裁量に任せており、厳格なガイドラインがあるわけではないため、日本の大学英語教員がデザインする一般的なシラバスの実情に近いと考えられる。その結果、日本人英語教員の中でも、英米文学の教材を使用していわゆる文法訳読法の講義形式の授業を行う教員は、むしろ少数で、「コミュニケーション重視」のシラバスデザインをする大学英語教員が増えてきていることが明らかになった。よって、学生同士の対面でのコミュニケーションが必須である協同学習が、受け入れられやすい素地は十分にできていると考えられる。

第6章の「再履修学生調査」で明らかになったように、現在の日本の大学では、学生の多様化が進んでおり、日本の大学一年生の英語力を一般化して語ることは困難である。日本の大学の国際化により、留学生や帰国生、イン

ターナショナルスクール卒業生など、第一言語が日本語以外であるという学生の人数が増えている。また、AO入試、一芸入試、自己推薦入試など、入試制度の多様化によって、英語を入試で課されずに入学してくる社会人学生や編入学生、留学生も増加している。

このため、日本の高校卒業程度の英語力を習得せずに、(はなはだしい場合には、英語を全く未修の状態で)大学に入学しているにもかかわらず、リメディアル教育などの救済措置も与えられることもないまま、英語を必修科目として履修しなければ卒業できない学生層がある。その一方で、シンガポールやフィリピンからの留学生など、英語を第一言語同様に使いこなすアジア諸国の留学生が、一般の日本人学生と同じ英語の授業に参加しているケースも増えてきている。

個人の語学レベルの差の大きいクラスで指導するには、各教員が在籍している学生のレベルを探りつつ、一方的に講義形式で授業を進めるよりも、異なる英語レベル・スキルを持つ学生同士が「助け合い、学び合う」ほうがはるかに効率が良いし、得るものも大きく、また、実社会では、同じレベルの英語力の者だけが集まって、英語を使って仕事をしているわけではないことを考えると、実社会での英語使用状況の現場と似た環境で学ぶことができる。大人数クラスや異なる習得度レベルの学生が混じるクラスを指導するのは、外国語を教えるに当たって逆境とも言える状況であるが、日本の大学英語プログラムの実情では、レベル分けもせずに50人以上のクラスを教えることは特に珍しいことではない。しかし、こういったクラスであっても、適切にグループ分けすれば、協同学習により、学習効果を引き出すことができる。

協同学習とは、大学生にとって、社会性が身につき、コミュニケーション力が養成でき、学習者の多様性を最大限に活用できる学習法である。また、協同学習を導入することで、大学生は互いの多様性を受け入れ、共感を持つ能力を養うことができるという側面もある。能力差や性差、障害の有無、民族的背景の違い、社会的階層の違い、課題志向性の違いにおいても、協同学習で学んだ学生は、競争的学習や個別学習、さらには「従来の指導」にくらべて、仲間同士お互いに好感を抱くようになるなど、協同学習の効果が分

かっている（ジョンソン他, 2001, pp.57-59）。

10.3　協同学習の大学英語導入にあたっての解決すべき5つの課題

　大学英語のカリキュラム開発、クラスルームマネジメントの上で協同学習を取り入れることが有益である理由を述べてきたが、実際に導入するには解決すべき問題が多々ある。ここでは、想定される5つの主要な課題を挙げる。

10.3.1　グループ分け
　外国語教育においてはグループワークには多様な利点が考えられる。Brown（2001）は(1)インタラクティブな発話をもたらす、(2)情動的な環境(affective climate)を作り出す、(3)学習者の責任や自発性を促進する、(4)指導を個別化するためのステップになる、の4点を挙げている。

　協同学習を実施する場合においては、「(ある特定の内容を教える) フォーマルグループ」「(授業中、認知的な情報処理を確実なものにする) インフォーマルグループ」「(学習の進展のために長期的な支援を提供する) ベースグループ」（ジョンソン他, 2001, pp.33-35）というグループ分けが不可欠である。

　しかし、日本の中学、高校で、教員から生徒への一方向型の講義形式の授業を経験してきた大多数の大学生にとって、グループ単位で学ぶという体験は、小学生時代の「班単位」の学習に逆行するように思うのか、筆者の経験では少なからぬ抵抗感を覚える者も多いように思われる。また、教師によるグループ分け、ペア分けを嫌う学生もおり、協同学習を始める以前のグループ分けの段階で、教室の雰囲気が気まずくなってしまう可能性もある。そうなれば、学習者の動機づけや態度に悪影響を及ぼす。

　日本人の大学生特有の文化、すなわち、面識のない学生同士は授業で隣り合っていても係わり合いを避け、干渉しないという学生の気風と、協同学習の学習効果との関連性は、今後の重要な調査研究テーマの1つとして考えられる。

195

また、グループの人数については、年齢ごとの最適人数、奇数・偶数グループのどちらが適しているかなど、実験結果が報告されている（塩田, 1989, pp.22-24）。今後は日本の大学英語教育におけるグループの最適人数に特化した実証研究も必要である。

10.3.2　教室の物理的環境

　語学教育のクラスマネジメントについて、Brown（2000、pp. 192-194）は、教室の物理的環境の4つのカテゴリー、(1)視覚、音響、快適性、(2)座席の配置、(3)黒板の使用、(4)備品を考慮すべきであると主張している。ジョンソン他（2001, p.92）は「教室の配置をどうするのかは、どうすることがその教室において望ましい行動を可能にするかを象徴するメッセージ」と述べている。

　日本の大学では開講システム上、語学の授業に限らず、ほとんどの授業において実際に開講してみなければ、受講学生の人数、レベルが分からないという問題点がある。そのため、少人数の語学クラスであっても、大講義室を割り当てられていることもあり、机やイスが可動式であることは稀である。協同学習にふさわしい理想の教室のデザインについても今後、配慮されるならば、教員のクラスマネジメントがしやすくなるだろう。

10.3.3　教材・教具

　教材・教具は、ほとんどの外国語プログラムで主要な要素であり、英語の授業のカリキュラム開発をする上で、教材・教具について十分な配慮が必要である。経験のない教師の場合、教材・教具は、教員研修の一種としての役目を果たす場合もある。すなわち、教材・教具は、教師が使用できる授業の型となるだけでなく、授業の計画と指導の方法についてのアイデアを提供する。(Richards, 2000, p.251)

　海外で出版された英語教材には、学習者中心の活動(learner-centered activities)やタスク中心のアプローチ（task-based approach）が紹介されており、優れたものが多いが、日本の大学英語の授業の実情に合わず、そのま

ま導入するのは難しい。協同教育を実践するための英語テキストブックについて、伏野，木村（2006, p.86）は「協同教育に関する本の中には協同学習技法がたくさん載っているが、英語に特化したものはほとんどない。したがって、それらの技法をそのまま英語の授業で使おうとしても、うまくいかないことも多い」と述べている。また、「英語の授業における協同学習技法の使用」をワークショップで紹介している。日本の大学英語教育の現場の声を反映して、実際の授業でそのまま使える、協同教育実践用の英語教材・教具の研究や開発が急務である。

10.3.4　成績評価

日本では学生の成績評価についての詳細なガイドラインを特に設けず、各教員に一任している大学も多く、相対評価を採用する教員、絶対評価を採用する教員が混在する場合もある。今後、学生の不公平感をなくし、成績評価の説明責任を果たす方向へと徐々に改善しなければならない。また、外国語テスト作成においては、妥当性（validity）、信頼性（reliability）、実用性（practicality）の条件を備えておくことが望ましい（Brown, 1996）。

大学英語教育における成績評価の現状と問題点、外国語テストの必要条件を考慮しつつ、協同学習の特徴である「個人がグループの成績で評価される」ことの是非についても、個人の教員が独断で決定するのではなく、外国語プログラムのコーディネーターや授業に参加している学生や教員のコンセンサスが必須である。

10.3.5　教員の育成

日本の大学におけるFDの重要性について、津村（2006, p.4）は以下のように述べている。

> FDを考えるにあたってまず考慮に入れておかなくてはならないことは、我々日本の大学教員のほとんどが、それまでに「研究」方法の修得はしてきているが、「教育」方法に関しては、それをことさらに研究してき

たわけでも、履修したわけでもないという事実である。小中学校や高等学校の教員になるには「教員免許」が要るが、大学教員になるには「免許」は要らない。我々は研究のエキスパートではあるが、実は決して教育のエキスパートではない。このことは案外世間には知られていないし、我々自身があまり意識していないし、あまり直視したくないことがらでもある。「知っていれば教えられる」という大いなる幻想が日本にはある。これは、大学教育にとっては小さくない問題であり、「FD」の重要なポイントであろうと思われる。あることを「知っている」ということと、それを「教えられる」ということは、別のことである。例えば日本人であれば、日本語くらいは教えられそうに思えるが、実はそう簡単ではない。英語を母国語としているからといって英語を教えられるわけではないという事実は、言語文化研究院においても、例えば、ネイティヴ・スピーカー教員を雇う際に忘れてはならない重要ポイントである。

　海外の大学付属のESL教育機関と違い、日本の大学で、英語教員はいったん採用された後に、継続的に研修を受ける機会はきわめて少ない。受身的な態度を取りがちな日本の大学生を対象に、個人の教員が、週1回、半年で13回～15回程度の授業で、学生に「協同学習」の意義を完全に理解させ、全員参加型の授業に馴れさせるには、さまざまな工夫が必要である。また、同僚教員からも、一見、伝統的な大学の授業とはかけ離れている授業スタイルに対する理解と協力を得る必要がある。このことから、語学教員を対象とした協同学習のためのFDも必要であろう。
　現在、日本の多くの大学がFDを導入しているが、専任教員を主に対象としている場合には、語学教員の多くを占める非常勤教員はその恩恵に浴することができない。専任教員・非常勤教員、日本人教員・外国人教員のすべてを対象に、協同教育の理念を導入した英語教育を学ぶ場があれば、語学教員としての技量の向上も併せて期待できる。

10.4 まとめ

　語学の学習は他者との競争ではない。英語は、国際社会で他者を理解し、協力するための重要な言語コミュニケーションのツールの1つである。学習者全員で協同して、英語学習を通して、コミュニケーション・スキルを学び、卒業後のキャリアに備えるという目的を達成するのに、協同学習は多くの可能性を秘めている。

　今後は、英語教員と英語教育学の研究者は、他の専門分野の教員・研究者の協力を仰ぎながら、日本の英語教育の実情に合わせて、協同学習向けの大学英語の教材・カリキュラム開発、実践研究とその知見を共有することが望まれる。

第11章
国際性のためのプログラム開発
大学必修英語における ESP の可能性と課題

11.0　はじめに

　将来的な英語学習のニーズや英語学習の具体的目標を学生に示し、多様化する国際社会の英語ニーズに応えるには、大学低学年次の必修英語の時点からの段階的な ESP の導入が有益である。本章では、先行文献や九州大学で実施した調査に基づき、大学の必修英語における ESP の可能性と、その導入における課題について考察する。

　ESP は4年制大学の EFL・ESL プログラムで提供できるカリキュラムの1つであるが、日本の大学英語教育、ことに大学低学年次の必修英語のプログラムで広く導入されているわけではない。日本の大学英語の場で ESP がなかなか普及しないのは、「ESP は敷居が高い」と敬遠したり、「ESP は理工系や医学部、歯学部、薬学部の学生向けのものであり、文科系の大学生には関係がない」「専門課程進学後に導入すべきもの」と誤解されたりなど、様々な要因が考えられる。

　他の EFL 諸国に比べて、日本で ESP が軽視されてきた実情について、野口（2000, pp. 9-10）は、ESP を20世紀の産物とし、「特にこの20年間、アフリカ、東南アジア、東ヨーロッパ、西アジア、南アメリカ、さらに日本を除いた東アジアの国々では、英語そのものを専門としていない学生を対象にした大学または大学院レベルで、ESP は発展を遂げ、多くの ESP が作り出されてきた。一方、日本では、詩、小説、劇などの文学作品を解釈することを長い間英語教育の柱としてきた」と述べ、「特にインターネットを通じリアルタイムに世界を相手にコミュニケーションをとる21世紀には、実用性を重視した英語の習得は日本人にとって必要不可欠のものとなっている。まずは社会全体のニーズとして ESP が求められていることに耳を傾けるべきで

ある」と主張している。

　本章では、まず、第2部の調査結果から見た大学英語教育の現状とESPのニーズについて考察し、次にESP導入の利点を述べ、そして、ESP導入時に解決すべき問題について列挙する。

11.1　大学必修英語プログラムに関する調査研究

　第2部の調査結果から、大学英語教育の場で、ESPを取り入れる素地は整いつつあり、低学年次の必修英語へのESP導入は、学生や社会のニーズを満たすものである。

11.1.1　シラバス分析から見たESPのニーズ（第5章）

　「シラバス分析」を通じて、大学低学年時（1、2年生）の必修英語プログラムの問題点として、「英語科共通の目標（goals）の欠如」、「学生の多様なニーズ・レベルへの配慮不足」、「大学入学以前の英語教育との接続性、専門課程進学後・大学卒業後の英語教育との継続性、および、国際性に対する視点の欠如」が明らかになった。

　当調査は九州大学という地方国立大学を対象にしたものであるが、ほぼ同時期に実施された首都圏のビジネス系私立大学の108の学部を対象にしたシラバスの調査によれば、「授業の内容は、各教員の裁量にまかされている部分が多いものの、「文学」等を中心としてきたものから、「教養」を身につけつつ「ビジネス」や「専門」に主眼をおく傾向にあることは間違いない（寺内, 2005, p.58）」ことが分かっている。

　「文学から、実用を意識した英語へ」というこの傾向は、九州大学でも同様であり、公開されたシラバスを見る限りでは、明らかに英文訳読用の英文学のリーダーと言えるもののみを指定教材にしている教員は少数派であった。かわって、外国人教員は英国や米国の大学で出版されたESLのコースブック、日本人教員はTOEICなどの資格対策向けの教材を使用するものが増えている。また、ごく少数であるが「科学英語の基礎」や「科学論文の読解」

をテーマと挙げるなど、学生の専攻を意識していると考えられるシラバスも見られた。このことから、社会のニーズを意識して、より実用的な授業を展開している教員が増えていることがわかる。よって、大学英語教員の側でもESPを受け入れやすい素地は十分にあると思われる。

11.1.2　再履修学生調査（第6章）

　2005年、大学生の多様な英語のニーズ・レベルを把握するために、学習者の動機づけが最も低く、大学の現行の英語プログラムに対して、批判的な視点を持つと考えられる必修英語の再履修クラス在籍生に対して質問紙による「再履修学生調査」を実施した。この調査により、大学生の多様化が進み「日本の大学一年生の英語力」について一般化して論じることは難しくなっている現状が明らかになった。日本語を第一言語としない留学生や英語圏での滞在経験が長い日本人学生が増え、教室内での国際化が進む一方で、大学入試形態の多様化により、英語の基礎学力が欠けている層も生まれつつある。英米の大学のESLコースと違い、日本の大学では、英語は生活言語や大学の講義で使用される言語でなく、学内外で英語ニーズに対する切迫感が乏しい。したがって、たとえ、プレイスメントテストを導入して、厳密なクラス分けをしたとしても、画一的な従来型のEGPを提供するだけでは、個々の学生の進学後のニーズや学習意欲のいずれをも満たすことはできない。

11.1.3　卒業後の英語ニーズ分析、プログラムの遡及評価（第7章、第8章）

　「卒業後の英語ニーズ分析」では、前述のとおり、社会からは即戦力が望まれていることのほか、英語が不得手なばかりに就職先での業務に支障が出る場合もある。「プログラムの遡及評価」によれば、専門教育の現場や卒業した後の就職先では、現場の英語ニーズを意識した長期的な英語教育が望まれていることが分かっている。

11.2 ESPの大学必修英語導入における利点

⑴専門課程進学後、および、大学卒業後の国際社会のニーズに合致していること

　本名（2006）は、「英語は仕事のことば」としてESPの重要性を挙げ、「大学では、自分の専門とする分野のことに英語で対処する訓練が必要である。英語は単に英米文化を理解することばではなく、卒業後、仕事のなかでより広範囲に情報を獲得し、意思を伝達する道具となる。基礎的なコミュニケーション能力に加えて専攻分野の内容を英語で読み書きする能力、話し聞く能力がどうしても必要になる」(p.196)と主張する。また、「ノンネィティブこそESP」として、アジアの英語という点から、インドネシアにおける英語のノン・ネィティブスピーカーネィティブの実例を挙げて、「ノン・ネィティブスピーカーはネィティブスピーカーと違って、日常生活のすべてを英語でこなす必要はない。母語がきちんとあって、それで重要なことを全部すませることができる。ノン・ネィティブスピーカーにとって、英語は限定的な役割を果たせばそれで十分なのである。こう考えると、日本の職業人の大多数は、英語を使う潜在的なニーズを持っているといえる。英語を使うようになれば、ビジネスは大いに進展するだろう」と指摘している。

⑵学習者の動機づけを喚起できること

　必修英語でESPを導入すれば、学生が低学年次から、自分の専門分野や就職後のキャリアと、英語の関係や仕事でのニーズを意識するきっかけになり、学習目標が設定しやすくなり、学習者の動機づけを喚起できると考えられる。学部によっては専門課程に進学すると、英語を受講する機会が少ない、または全くないという学生もいるため、低学年次からのESPへの取り組みが重要である。

　大学英語教育の現場では、学習者の多くが「統合的動機づけ」や「道具的道具づけを持たず、非常に受動的であるため、自分の英語学習に対するニー

ズを明確に把握していないことが多い（新田, 2000）。日本の大学生が英語を学習する動機づけを失い、授業に対して学生が消極的な態度であるのは最近の傾向ではない。「プログラムの遡及評価」によれば、30代以上の卒業生が在学当時を振り返り、学生の受講態度が消極的であったとし、「単位さえ取れればよい」と述べる者も複数いた。問題は、学生の消極的な態度そのものよりも、大学の低学年次に必修科目として英語を履修する特定の目的と目標が、学生側と教員側との両方に認識されていないことにある。

フロマー（1995, p.118）は、職業に必要な語学教育として特定の目的のための語学（LSP=language for specific purpose）を挙げ、語学を必修科目として履修している大学生の動機づけとして LSP が役立つことを挙げている。

> 伝統的な語学コースであれば、彼らは学期中苦痛を凌いで授業に出ていることであろう。文学部の教授たちがあまり知的にではないとみなしている LSP のコースに、自分たちのコースを履修しようとしている学生を取られてしまうという理由で、文学部の教授たちは LSP のコースをしばしば脅威として見ているが、LSP のコースは学習者に興味を抱かせるようなテーマを提供することによって、彼らの語学の勉強に役立つし、後日、さらに上級のコースに進もうとする刺激となる可能性を秘めている。

このように、テーマに興味が持てない場合、米国の学生も語学の授業を苦痛と感じること、米国でも特定の目的に対する語学は知的でないとみなされる傾向があるのは興味深い。日本の大学における ESP と米国の大学における LSP では、それぞれの大学語学プログラムの中での位置づけや目的が異なるが、「動機づけに役立つ」という点については共通している。文学や言語そのものに興味を持てなかったり、大学入学前までの学習経験から苦手意識があったりしても、ニーズ分析に基づいた特定の目的のための英語であれば、比較的、受け入れやすいと考えられる。

(3) 多様化する大学生の英語力に合致

「再履修学生調査」から、大学英語の現場では入試形態の多様化や大学の国際化により、学生の英語レベルの差や多様な言語背景に対応するのが困難になっていることが分かった。そのため、日本の多くの大学で「総合英語」や「英語Ⅰ」「英語基礎」などの名称で開講されている従来型の EGP だけで、各学生のレベル、ニーズに合わせた授業を提供することは難しい。EGP クラスでは学生の語学レベルの均質性が望まれるが、ESP クラスではニーズの均質性が重要とされる。ESP は高校までの既習科目ではないことから、特に日本の大学英語のクラスに多い学部固定型のクラス編成であれば、英語能力のレベルが多様であっても導入しやすい。

11.3　ESP 導入にあたって取り組むべき 5 つの課題

大学必修英語のプログラムでは、高校との接続性を意識したリメディアル教育の一環としての EGP だけでなく、専門課程進学後や卒業後という将来的ニーズに基づく継続性を意識した ESP を導入することが有益である。寺内 (2000) は、よりよい ESP プログラムには含まれるポイントとして、(1) 学習者の学術上あるいは職業上のニーズに応えること、((2) 明確なコミュニケーション上の目的を設定すること、(3) 文法の規則ばかりでなく言語使用の規則を理解させること、(4) コースの目的に合った教室内活動を、学習者が自分の学習スタイルや学習段階について自ら責任を持って行う自立学習を奨励することを挙げている。

Mechado (2001) は、ESP 実施者がプロジェクト実施以前や実施中に考慮すべき課題として、(1) クラスやプロジェクトの関係者、(2) 担当可能な教員、(3) 真正性・信頼度 (authenticity) の問題、(4) カリキュラムの決定、(5) 評価を挙げている。ここでは、日本の大学の特殊性を考え、大学の必修英語への ESP プログラム導入にあたり想定される 5 つの主要な課題を挙げる。

11.3.1　継続的、多角的なニーズ分析

　新田（2000）は、日本の英語教育の現状として、少数のすぐれた ESP 教師が存在し、ニーズ分析を実践しているとしながらも、英語教師の圧倒的多数が EGP 教師であり、ESP を担当している教師のほとんどが EGP 教師としてのアプローチで ESP を行っており、理論に裏づけされたニーズ分析でなく、単なる学習者アンケートが実施されているに過ぎないことが多いと指摘している。

　必修英語で ESP を導入するにあたって、ニーズ分析が必要となるが、日本の大学の必修英語の現場では、実施されていないことが多く、学習者の視点と大学生の将来的ニーズは軽視されがちだった。このことに着目し、筆者は、「大学卒業後の英語ニーズ分析」を実施した結果、社会人の英語ニーズが多様化かつ複雑化していることが明らかになった。学習者と社会のニーズをさらに満足させるには、一度限りの調査ではなく、学習者、専門教員、卒業生、雇用主など、複数のソースを対象に、質問紙調査と面接を併用した継続的なニーズ分析を実施することが必要であると考える。

11.3.2　企業との連携

　日本の大学では、産学協同プロジェクトは主に理系の専門分野に限定されることが多いが、必修英語での ESP 導入においても、長期的なプロジェクトとして産業界と大学英語教育部門との間の連携が必須である。特に、ニーズ分析やカリキュラム・教材開発について、企業からの協力が得られれば ESP で特に重要とされる真正性・信頼度（authenticity）を満足させることができる。

　「プログラムの遡及評価」では、卒業生を中心とした社会人との方々に調査研究での協力と授業への支援体制の必要性が明らかになった。しかし、実際には大学卒業生の個人面接で、特に企業に所属する卒業生の協力者探しは非常に困難であった。その理由は「個人情報と企業情報を保護する必要がある」、「語学力が人事考課の項目の一部である」、「社員の英語力を公開したくない」などが考えられる。

山内、中野、小田（2006）は、2005年9月に、北米において海外進出をしている米国企業を訪問し、CALL 教材を作成することを目的に、インタビュー取材を行っている。この調査では、ほとんどの大手企業は今や「多国籍企業」であり、国際化時代に企業で働くためには、「コミュニケーション能力」が重要視されている実態を明らかし、英語教育では、英語によるコミュニケーション能力、異文化コミュニケーション能力、チャレンジ精神、協調性、優先順位決定力が養成できると主張している。

　このような企業の実態は、日本の大学生はもちろんのこと、実際の現場に立つ大学英語教員も知る機会は少ない。今後も、日本の国内企業に対して、大学英語教育への協力の意義を理解してもらい、同種の調査を継続的に実施し、カリキュラム・教材開発に役立てていくべきである。

11.3.3　専門教員との連携

　日本における ESP の実情として、寺内（2000）は「専門教員との壁」の存在を挙げている。「シラバス分析」でも必修英語の問題点の1つとして、専門教育との「継続性」の欠如が明らかになった。英語で仕事を使う大学卒業生の個人面接には、3人の大学教員（1名が英語教員、1名が理系専門教員、1名が文系専門教員）が含まれているが、「プログラムの遡及評価」では、「プログラム・コースデザイン」に対して、「専門の先生が（旧）教養部に出講し、専門分野の英語の原典を教えるというクラスが不足していた」（私立大学、文系専門教員）、「やる気のある学生向けのプログラムが必要」（国立大学、理系専門教員）という意見が述べられている。

　また、九州大学における、英語教育を含む外国語教育を対象にした調査報告書「外国語教育ニーズ分析予備調査の結果について」（松村, 山村, 2003）では、学生と専門教員や英語教員では、外国語教育に対するニーズや認識の差があることが報告されている。たとえば、専門課程で必要とされる英語の技能について、英語教員の9割以上が和訳に関する項目を挙げているのに対し、専門課程教員の回答は4割程度であり、また、英語教員は専門課程でのライティングを低い位置づけと予想しているのに対し、専門課程での授業で

の英語使用の中では上位にある。2006年度から九州大学で実施されている新カリキュラムでは、さまざまな改善がなされているが、今後も専門教員との連携が望まれる。

11.3.4　外国人教員と日本人教員間の協力体制

　大学必修英語のESP導入においては、外国人教員と日本人教員間の連携が望ましい。日本人教員は、日本人学生と母国語を同じにしていることや教員自身に英語の学習者としての経験があることから、日本の大学生のニーズを把握しやすい。日本人教員側から外国人教員に対して、学生の英語ニーズについての情報を提供すれば、外国人教員によるESPの授業がスムーズになり、学生の専門を意識したライティングやプレゼンテーションなどを授業に取り入れやすくなる。

　日本の大学の英語教育の現場では、英語を第一言語とする外国人教員の雇用が増えている。英語・外国語教授法の分野では、「理想的な学校では、お互いの長所と弱点を補うよう英語ネィティブ教師とノンネィティブ教員のよいバランスが必要である。好ましい割合で、さまざまな協力が可能であると前提として、学習者は、英語ネィティブ教師とノンネィティブ教員の交流からのみ学ぶ」（Medgyes, 2002, p.441）しかし、現状の大学英語の教育の場では、特に必修英語では、外国人教員が十分に活用されておらず、学生の進学後や卒業後のニーズを一切考慮せず、学生の所属学部にかかわらず、画一的な日常英会話の授業を担当させているケースが多いと考えられる。

　現状を把握するために実施した「シラバス分析」では、日本人教員は「受容（リスニング、リーディング）」能力重視、外国人教員は「オーラル・コミュニケーション（スピーキング、リスニング）」重視であり、ライティングが軽視される傾向がわかっている。これは、教員側の「日本の英語教育は『読み書き』偏重」という意識や、「大人数クラスでライティングを教え、採点するのは困難」というクラスマネジメント上の都合などが考えられる。

　「卒業後の英語ニーズ分析」では、使用スキルは固定されていないケースが多いため、一般化することは難しいものの、企業の国際法務担当者や技術

者、研究者は、会話力よりもむしろ、高度なリーディング、ライティングが必要であるという傾向が明らかになっている。また、「プログラムの遡及評価」では、仕事で英語を使っている大学卒業生から、必修英語での外国人教員のクラスは、「初級の英会話を大人数のクラスで行い、効果がなかった」という意見が複数あり、必ずしも大学で受講した英会話の授業に満足しているわけではないという実態が明らかになった。

　大学の外国人教員にとって、日本の大学という教育環境は、教員自身が受けてきた教育環境と、大学組織、学生の学習態度、教員と学生の関係、カリキュラムや評価制度などのさまざまな面で異なっており、当惑する面も多いと考えられる。外国人教員に対する大学側の支援不足、日本の大学組織の分かりにくさや日本特有のコミュニケーションのあり方も、問題を大きくしている（Wadden, 1993）。

　大学側から大学必修英語の指導目標やガイダンス、ガイドラインなどを積極的に提供しなければ、学生や大学が何を期待しているのか分からず、単なる日常会話の授業になってしまう可能性が高い。また、英会話等の授業のアウトソーシング、英会話学校通学の単位認定化が話題になるなど、大学内部にあっても、外国人教員による日常英会話の授業を増やせば学習者が満足するという短絡的な思い込みもある。外国人教員担当の、または、日本人教員と外国人教員のペアによる四技能を指導するESPクラスは、社会のニーズにこたえるものであるが、導入する前に外国人教員に対するサポート体制が必要である。

11.3.5　ESPプログラムのための教員研修

　ESPプログラムを必修英語に導入するには教員の意識改革が必要である。教師にはプロバイダー型とコーディネーター型がいるが、ESPでは後者がより有効なクラスを提供できる。また、日本にはESP教員の専門養成機関はなく、絶対的にESP教員の数が不足しているが、EGP教師でも、ESP教材やESP的アプローチを用いた専門英語教育を行うことは可能である（深山, 2000）。小湊（2006）は、日本の大学教員は研究トレーニングを受けて

いるが、教師としてのトレーニングを受けないまま授業を行わざるを得ないことから FD の組織化と教育経験の共有が必要と、指摘している。

　教員の研修時については、大学の語学教育は非常勤教員への依存度が高いことも考慮しなければならない。(『大学危機と非常勤講師運動』, 大学非常勤講師問題会議, 2000)。非常勤講師は FD の恩恵を受けることが少ない、出講先の大学の指導目標や、学生のニーズ、卒業後の進路などについて十分な情報を得ることが難しい、カリキュラム策定などの意思決定の場にはいないなどの理由から、非常勤教員に十分な研修の機会が与えられなければ、非常勤教員担当クラスの学生に不利益が生じる可能性もある。非常勤教員に ESP を担当依頼する場合には、指導マニュアルや評価のガイドラインを示し、学生やプログラムについて適切な情報提供をするなど特別な配慮が必要である。

11.4　まとめ

　本章では、先行文献と、第 2 部 (第 5 章〜第 8 章) で述べた九州大学の全学教育における英語プログラムに関する調査結果をもとに、必修英語における ESP の可能性と、導入時の問題点について検討した。ESP を医療や工業系の単科大学や一部の専門性の高い学部向けの特殊なものと限定的に捉えるのでなく、文系・理系を問わず、より多くの大学生が ESP を経験できれば、「大学英語は役に立たない」という学習者と、大学の英語教員自身の思い込みが変わる。今後は、教員が互いの知見を共有し、各大学の実情に合わせつつ、ESP プログラムの研究開発を鋭意、進めていくことが望まれる。

第12章
結論 ― 総合的考察

12.0 はじめに

　結論としてこの章では、まず、3つの調査それぞれについて、その研究の成果と限界について述べる。次に、大学英語教育のカリキュラム開発への提言をする。最後に、本研究をさらに発展させる研究課題3つを挙げる。

12.1 この研究の成果と限界

　この研究は、2002年度から2005年度にかけて、九州大学を主たる調査対象とし実施した。この研究の目的は、日本の大学英語教育と、大学卒業後の英語ニーズについて、その現状を調査・分析することで、大学の英語教育のカリキュラム開発に対する提案をすることである。研究課題は(1)英語教育について論じた「新書」を例に、日本語の商業出版メディアによる日本の英語教育論の趨勢と、大学英語教育への影響や問題点を分析すること、(2)必修英語の再履修学生を調査対象として選び、質問紙による調査を行うことで、現行の大学の英語教育プログラムの中で問題を抱えている学生は、大学英語プログラム・授業のあり方と自己の履修態度について、どのように認識しているかを調査すること、(3)英語を仕事で使う大学卒業生を対象とした個人面接を実施し、英語を仕事で使う大学卒業生に求められる英語のニーズについて明らかにすること、(4)課題(3)の面接を通じて、英語を仕事で使う大学卒業生は、自身が受けた大学英語プログラムをどのように評価しているかを調査することである。

　筆者自身は、日本の一英語教員であり、また、日本の大学を卒業した日本人の一英語学習者であるため、いわば、日本の大学英語教育の利害関係者

211

(stakeholder)の一人といえる。この調査研究を実施する以前は、筆者自身もまた、日本の英語教育に対して否定的な固定観念と思い込みに捕らわれていた。すなわち、日本の英語教育、ことに大学の低学年次の英語プログラムは、旧態依然としており、日本人教員による一方向の読み書き中心の講義形式であり、卒業生の英語ニーズを無視した「使えない英語教育」であると考えていた。それに対して、大学卒業後に英語を使用する社会人は「日本社会の中で例外的な存在で、学生時代から海外経験があり、突出した英語力を誇るものが多数派」という印象を持っていた。

このように、大学の英語教育の現場の教員ですら、誤った固定観念を持つ原因として、日本の大学英語教育がEFL環境で行われており、教室以外での英語使用が少ないため、英語ニーズが顕在化していないこと（第2章）、英語教育の研究者として学界に所属していても、日常的には新書などの商業出版メディアの形成するイメージに影響されがちであること（第3章）が考えられる。このことから、現状の英語教育の調査研究の必然性を感じ、3つの調査(1)「九州大学全学英語教育を対象としたオンラインシラバス分析」（2002年度前期に実施、本研究第5章）、(2)「九州地区3大学の必修英語の再履修をする学生を対象とした、質問紙による調査」（2005年度後期に実施、本研究第6章）、(3)「英語を業務で使用する九州大学卒業生を対象とした大学卒業後の個人面接による意識調査」（(2)とほぼ同時期、2005年度後期に実施、本研究第7章、第8章）を実施した。

以下に各調査について、研究の成果とその限界について述べる。

12.1.1 シラバス分析の成果と限界

2002年、研究対象の九州大学の全学教育では、前期と後期のあわせて376の英語クラスを開講していた。日本の大学教育の現場では、同僚からの観察（peer observation）は一般的ではなく、また、実際に376のクラスを観察するのは、時間・費用の面では現実的ではない。そこで、九州大学の公式ホームページ上で公開されているオンラインシラバスに着目した。この年、共通教科書を使用する「英米言語文化演習Ⅰ」を除くほとんどの英語の授業で、

第12章 結 論

　日本人、外国人、専任や非常勤を問わず、教員の自由裁量で、教材、シラバスや学生の成績評価を決定しており、シラバスを各自で入力していた。そのため、詳細な指示がなされていない環境下では、大学英語教員がどのようにコースをデザインしていたかという傾向を見るには有益な情報源となった。オンラインシラバス分析では、講師の配置（日本人教員か外国人教員か）、指導技能、テーマ分析、使用教材、学生の成績評価、その他の講義の工夫、の6点について考察した。

　研究の成果として、特にプログラムの意志決定者からの指示がない場合、日本人教員は受容技能（リーディング、リスニング）、外国人教員はオーラル・コミュニケーション（スピーキング、リスニング）を重視する傾向があるため、全般的にみて、ライティング指導が欠如しがちであることが分かった。また、学生の成績評価については、絶対評価、相対評価と統一されていなかった。特に指示がなくても、各教員がテーマや教材に工夫をこらしていること、テーマは欧米を中心とした教材が多いことが明らかになった。プログラムの改善すべき問題点として(1)英語教育の共通目標の欠如、(2)学生の多様なニーズ・レベルへの配慮不足、(3)英語教育の「接続性」「継続性」「国際性」への配慮の欠如が挙げられた。

　シラバス分析の限界として、教員がシラバスに重きを置かず、シラバスから外れて、自由に授業をしている可能性が挙げられる。学生による授業評価の中に、「シラバスどおりに授業を進めているか」という評価項目を加えている大学もあり、シラバスは教員と生徒間の契約として重要度が認知されつつあるが、文化によっては、シラバスに捕らわれない自由さが良い教育の要素の1つである、という価値観もある。ホフステード（1995, p.125）は、学校における不確実性の回避の弱いイギリスでは「あまりにもきちんと組み立てられた授業を軽蔑する」「目的があいまいで、幅広い課題が与えられ、時間割などないといった自由な学習の場を好む」ことを指摘している。なお、ホフステードによる不確実性の回避（uncertainty avoidance）の傾向についての各国調査では、53カ国中、日本は7位と、不確実性を回避する傾向が強いが、米国は43位、英国は47位と、回避傾向が弱いことが分かっている。

12.1.2　再履修学生調査の成果と限界

　2005年9月から10月に、英語学習上、最も問題を抱えている学生が多いと考えられる再履修コース履修者を対象に、九州地区の3大学の英語の再履修学生134名を対象にした質問紙調査を実施した。再履修学生は多様なニーズ・レベルへの配慮が最も必要な学生層である。

　調査の結果、大学の必修英語プログラムを再履修する学生は、再履修の原因を(1)出席日数不足、(2)定期試験の点数不足と、自己認識していることが分かった。また、再履修クラスに在籍する学生には、第一言語が英語や中国語であるという学生が含まれていること、大学入試の科目として英語を課されていない学生が1割程度いること、TOEICの高得点者や実用英検の上位の級の合格者も含まれていることが分かり、大学生の英語レベルの多様化と、評価方法の統一の難しさが明らかになった。

　この調査の最大の問題点は、量的分析をするには、134名と小規模という点である。しかし、再履修制度は、いわば学生のための救済策であるので、サンプル数が多くなるということは、単位を1度で取得できずに再履修する学生が増えることを意味し、英語教員としては、歓迎すべき現象ではない。教育的見地から、再履修学生を対象にした調査では質的調査は望ましくない。再履修は学生本人にとって不面目であり、学生によっては英語学習上、初めての失敗経験である場合も考えられるため、授業見学や学生に対する面接などは避けるべきである。また、たとえ、無記名の質問紙による量的調査であっても、質問項目や実施方法について、学生の学習意欲を削ぐことのないように細心の注意が必要である。

12.1.3　卒業生を対象にした面接調査の成果と限界

　再履修学生に対する調査とほぼ同時期、2005年9月から12月までの4ヶ月間、仕事で英語を使用する九州大学卒業生を対象にして、筆者自身が、すべて対面で個人面接を実施した。この面接の目的は(1)大学卒業後のニーズ分析と、(2)大学卒業後のプログラムの遡及評価、である。以下にその研究の成果を述べる。

第12章 結　論

　ニーズ分析については、⑴仕事での英語ニーズは、「英語そのものが職業の手段」「非日本語話者とのコミュニケーション手段」「情報収集のための手段」の３つに大別される。⑵英語を使用したコミュニケーションの相手は、英語母国語圏以外のものが多く、通訳、教員などの英語の専門職ではない社会人にとっては、「英語の母国語話者を目標にするより、国際言語として海外の同業者との業務のやりとりができるレベルを目指す」のが現実的である。⑶四技能の使用スキルは固定されていない。⑷面接対象者が採用された時には英語力や海外経験はさほど問われていなかったにも関わらず、職場では十分な語学教育のサポートがなく、また、海外とのやりとりが増えてきているため、即戦力であることが要求されることが分かっている。

　プログラムの遡及評価では、低学年次の（事実上の）必修英語のあり方に対して、高校英語の延長との批判が多かった。調査当時30歳代以上の九州大学卒業生は、現行の英語プログラムを批判しているわけではない。外国人教員の数も少なく、オンラインシラバス、英語再履修クラス、学生による授業評価がなかった時代の大学の英語教育について、ふりかえってもらい、問題点を指摘してもらった。その結果、当時の日本人教員による英語の授業の特徴として、⑴文法訳読法を用いており、指導技能は主に英文和訳、⑵学生数は多人数で講義形式、⑶教材は訳読用のもので、レベルや内容は学生の進学後のニーズにかかわらず、個人の教員に一任であったことが推察される。また、面接対象者は中学や高校で ALT によるオーラル・コミュニケーションの授業を受けた世代ではないが、大学の外国人教員について授業運営上の問題点を挙げる回答者が多かった。

　ここで卒業生対象の面接調査の限界を述べたい。第３章で、日本の英語教育は新書で人気の高いテーマであることを述べたが、日本の社会人の多くが英語教育に関心を持っていても⑴英語を使用する職業人は海外出張が多く、多忙であること、⑵企業情報、個人情報の漏洩が心配されること、⑶社員の英語力は企業の国際戦略上の情報ソースと考えられることから、調査協力を得るためには、研究の社会的意義を説明し、信用を獲得しなければならない。そこで、協力者を募る段階で、調査者が英語教育を研究する九州大学の卒業

生であることを明らかにした。そのため、参加者とのラポール形成上、有利に働いている反面、「参加者が期待にこたえようとする欲求 (Participant desire to meet expectation , Dörnyei, 2007, p.54)」が強く働いていた可能性もある。

なお、筆者は個人面接と同時期に、1企業の1事業所内において仕事で英語を使用する九州大学の卒業生に対する集団面接を実施した。しかし、日本の会社組織の中では、職場の上下関係や同僚への配慮から、自由に意見を聞きだすというのは困難と判断されたため、分析対象とするのを見送った。このように、社会人を対象にした面接調査は研究手法として制限が多い。

12.2 大学英語教育のカリキュラム開発への提言

第3部では、第2部で得られた分析結果を基に、「接続性への配慮：リメディアル教育（学生に対する学習支援プログラム）」（第9章）、「継続性への配慮：協同学習（アプローチ）」（第10章）、「国際化への配慮：ESP（コース内容）」（第11章）を提案し、今後のカリキュラム開発時に取り組むべき課題を挙げた。

・リメディアル教育
現在の日本の大学では多様な英語学習履歴を持つ学生が学んでいることから、大学入学以前の英語教育を意識した補習、すなわち、リメディアル教育が必要になる。コースデザイン時には(1)担当教員　(2)導入時期　(3)教材・教具 (4)評価方法について検討する必要がある。また、教育面だけでなく、研究調査の面でも高大連携を進めていくことが望ましい。

・協同学習
協同学習はコミュニケーション力が養成でき、学習者の多様性を最大限に活用できる学習法である。本研究で大学卒業生の職場での英語ニーズがある場面では、グループ単位の相互信頼に基づく「協同」作業の積み重ねによるものが重要視されることが分かった。大学の英語教育の場において、協同学

習は「実社会への準備」をするのに最適なアプローチの1つと考えられる。コースデザイン時に考慮すべき項目は以下の5点が考えられる。
(1)グループ分け　(2)教室の物理的環境　(3)教材・教具　(4)成績評価　(5)教員の育成

・ESP

将来的な英語学習のニーズや英語学習の具体的目標を学生に示し、多様化する国際社会の英語ニーズに応えるには、大学低学年次の必修英語の時点からの段階的なESPの導入が有益である。コースデザイン時に考慮すべき課題は以下のとおりである。
(1)ニーズ分析　(2)企業との連携　(3)専門教員との連携　(4)外国人教員と日本人教員間の協力体制　(5)教員の育成

本研究の結果より、カリキュラム開発時には「接続性」「継続性」「国際化」の観点が重要であることが明らかになったが、何れを重点的に配慮するかは、それぞれの大学・学部・学科のニーズによって異なる。そのため、大学・学部・学科ごとのニーズ分析が重要である。

入学者の英語学習歴が多様化している、入試科目に英語がない、といった大学・学部・学科では「リメディアル教育」を、学生のコミュニケーションスキルが弱い、講義型の授業が多く、学生同士のインターアクションの機会が少ない場合には「協同学習」を、卒業生が業務で英語を使用する可能性が高ければ「ESP」を、それぞれ、導入すると、大学・学部・学科のニーズに合致すると思われる。

12.3　発展的課題

大学英語教育のカリキュラム開発に資するため、本研究をさらに発展させる研究課題3つを以下に挙げる。

第一に、大学入学前までの英語教育との接続性への視点から、小学校・中学校・高等学校での英語教育について、学習者、教員、教材に対する調査の実施が考えられる。本研究の対象校、九州大学では、高校の英語教員を招き、

不定期で高大連携セミナーを実施している。また、第46回(2007年度)大学英語教育学会（JACET）全国大会では、大会テーマを「小中高大を見通した大学英語教育— 一貫したカリキュラムを求めて」と定めて、大学の英語教育だけでなく、全国の小学校、中学校、高校での英語教育の研究や実践報告の場を提供している。しかし、日本の英語教育における小・中・高・大の連携は端緒についたばかりで、研究対象になる小学校・中学校・高校は、SELHiを含む文部科学省のモデル校など特別な例が多く、その調査結果のみで一般の大学教育改革に敷衍することはできない。現在、大学生の学力低下が問題となっており、2005年3月には、「具体的な成功事例の研究、啓蒙活動報告や社会への提言などを行う場」として、日本リメディアル教育学会が設立された。英語を不得手とする大学生が、どこで英語につまずいているかについて、早急に質的、量的に調査をする必要がある。

　第二に、英語教育の継続性と国際性への視点から、学部・専門特化型で、大学卒業後の英語ニーズ分析を実施する必要がある。今回の調査では、総合大学の特徴を活かし、できるだけ、多くの学部・学科の卒業生に協力を依頼した。これにより、日本の大卒者に必要とされる一般的な英語力やニーズが明らかになった。今後は、専門分野を特定し、他の東アジアのEFL諸国（中国、韓国など）の大学の英語教員や専門教員と協同して、東アジアの大学英語教育と大卒者の英語ニーズや語学プログラム評価の実施を将来の研究課題としたい。

　第三に、前述の接続性、継続性、国際性についての調査研究を基に、キャリアデザインをテーマにした学習者中心型の英語カリキュラムを開発する。筆者は、2005年より私立文系の低学年次の学生を中心に「キャリアデベロップメントのための大学英語」（付録2）を実践している。語学学習を生涯学習として位置づけ、長期的な視点で、プログラムの実施を推進したい。

参考文献

[洋書]

Asia TEFL. (2007). Retrieved on Dec 31, 2007 from http://www.asiatefl.org/

Backman, L.F. (1990). *Fundamental Considerations in Language Testing.* Oxford: Oxford University Press.

Benson, P. (2001). (Auto)biography and learner diversity. In P. Benson & D. Nunan (Eds.), *Learners' Stories: Difference and Diversity in Language Learning.* (pp.4-21). Cambridge: Cambridge University Press.

Block, D. & Cameron, D.(Eds.) (2002). *Globalization and Language Teaching.* London: Routledge.

Brown, H. D. (2000). *Teaching by Principles: an Interactive Approach to Language Pedagogy.* (second ed.). White Plains: Addison Wesley Longman.

Brown, J. D. (1995). *The Elements of Language Curriculum - A Systematic Approach to Program Development.* Boston: Heinle & Heinle Publishers Press.

Brown, J. D. (1996). *Testing in Language Programs.* Englewood Cllifs. NJ: Prentice Hall Regents.

Brown, J. D. (2001). *Using Surveys in Language Programs.* Cambridge: Cambridge University Press.

Cheng, C., Watanabe, Y & Curtis, A. (Eds.) (2003). *Washback in Language Testing: Research Contexts and Methods.* NJ: Lawrence Erlbaum.

Crystal, D. (2003). *English as a Global Language.* (second ed.). Cambridge: Cambridge University Press.

Dörnyei, Z.(2003).*Questionnaires in Second Language Research-Construction Administration and Processing.* Mahwah: Lawrence Erlbaum.

Dörnyei, Z. (2005) *The Psychology of the Language Learner: Individual Difference in Second Language Acquisition.* Mahwah. Lawrence Erlbaum.

Dörnyei, Z. (Ed.) (2007). *Research Methods in Applied Linguistics.* Oxford: Oxford University Press.

Dubin, F. & Olshtain, E. (1986).*Course Design.* Cambridge: Cambridge University Press.

Ellis, R. (1994). *The Study of Second Language Acquisition.* Oxford: Oxford University Press.

Friedman, T. (2000). *The Lexus and the Olive Tree.* London: Harper Collins.

Gebhard, J.G.(2006). *Teaching English as a Foreign or Second Language: A Self-development and Methodology Guide.* MI: The University of Michigan Press.

Graddol, D. (1999) *The Future of English.* London: The British Council.

Graddol, D. (2006). *English Next.* Retrieved on July 1, 2007 from www.britishcouncil.org/learning-research-englishnext.htm. British Council.

Graves, K. (1996). *Teachers as Course Developer.* Cambridge: Cambridge University Press.

Graves, K. (2000). *Designing Language Courses: A Guide for Teachers.* Boston: Heinle & Heinle Publishers.

Harmer, J. (2001). *The Practice of English Language Teaching.* (third ed.). Harlow: Peason Education.

Hilles, S. & Sutton, A. (2001). Teaching Adults: In M. Celce-Murcia (Ed.), *Teaching English as a second Foreign Language.* (third ed.). (pp. 385-399). Boston: Heinle & Heinle.

Hutchinson, T. & Waters, A. (1987). *English for Specific Purposes: A-Learningg – Centred Approach.* Cambridge: Cambridge University Press.

Jennings, K & Doyle, T.(1996) .Curriculum innovation , teamwork and the management. In Willis, J & Willis, D. (Eds.), *Challenge and Change in Language Teaching.* (pp. 169-177). Oxford: Macmillan Heinemann.

Johns & Price-Mechado.(2001) . English for specific purposes: tailoring courses to student needs – and to the outside world. In M. Celce-Murcia (Ed.), *Teaching English as a Second or Foreign language.* (third ed.). (pp. 43-54). Boston: Heinle & Heinle.

Jordan, R. R. (1997). *English for Academic Purposes.* Cambridge: Cambridge University Press.

Lightbown, P. M. & Spada, N. (2006). *How Languages are Learned.* (third ed.). Oxford: Oxford University Press.

Long, M. H. (2005). Methodological issues in learner needs analysis: In M.H. Long (Ed.), *Second Language Needs Analysis* .((pp. 1-76). Cambridge: Cambridge University Press.

McKay, S.L. (2002). *Teaching English as an International Language.* Oxford: Oxford University Press.

Medgyes, P. (2001). When the teacher is a non-native speaker: In M. Celce-Murcia (Ed.), *Teaching English as a second Foreign Language.* (third ed.). (pp. 415-

428). Boston. : Heinle & Heinle.

Nunan, D. (1999). *Syllabus Design*. Oxford: Oxford University Press.

Richards, J. C. (2000). *Curriculum Development in Language Teaching*. Cambridge: Cambridge University Press.

Richards, J. C. & Farrell, T. S. C. (2005). *Professional Development for Language Teachers*. Cambridge: Cambridge University Press.

Richards, J. C., Platt, J. & Platt, H. (1992). *Dictionary of Language Teaching & Applied Linguistics*. (second ed.). London: Longman.

Scovel, T. (1988). *A Time to Speak: A Psycholinguistic Enquiry into the Critical Period for Human Speech*. Rowley, Mass.: Newbury House.

Trew, G. (2006). *A teacher's Teacher's guide Guide to TOEIC Listening and Reading Test: Preparing Your Students for Success*. Oxford: Oxford University Press.

Ur, P. (1996). *A Course in Language Teaching: Practice and Theory*. Cambridge: Cambridge University Press.

Wadden, P. (Ed.) (1993). *A Handbook for Teaching English at Japanese Colleges and Universities*. Oxford: Oxford University Press.

White, R. (1988). The ELT Curriculum. Cambridge: Cambridge University Press.

Vandermeeren, S. (2005). Methodological issues in learner needs analysis: In M.H. Long (Ed.), *Second Language Needs Analysis*. (pp.169-181). Cambridge: Cambridge University Press.

［和書］

朝日新聞社．(編)．(2006)．『大学ランキング2007年版』．朝日新聞社．

東眞須美．(2004) 大谷康照，他編著．第6章「日本」．大谷康照，他編著．『世界の外国語教育政策－日本の外国語教育の再構築にむけて』．(pp. 159 168)．東信堂．

安倍晋三．(2006)．『美しい国へ』．文藝春秋．

石川祥, 鈴木裕治, 野澤和典, 並木彰．(1997)．「英語教育の過去・近過去と新しい動き」『コンピュータ＆エデュケーション』第3巻, pp.40-43(『ESPの理論と実践』(2001)．深山晶子（編），三修社所収)

井手弘人．(2005)．「長崎大学における実践：多様な学習履歴に対応した初年次教育システムづくりの取り組み」．『第1回全国大会講演資料集』‥(pp. 29-39)‥日本リメディアル教育学会．

伊藤明夫．(2003)．「卒業生へのアンケート」実施・結果・考察．『大学教育』第9号．

(pp.13-17).九州大学教育研究センター.

井上奈良彦.(2003).「大学英語教育における『新しい』教育の試み ― 教師の実践と考察から ― 」『大学教育』第9号.(pp.61-79).九州大学教育研究センター.

井上奈良彦,津田晶子.(2007).「卒業生による全学教育英語プログラムの遡及評価−「仕事で英語を使う」九州大学卒業生対象の個人面接の分析から−」.『大学教育』.第13号.(pp.41-58).九州大学高等教育総合開発研究センター.

猪浦道夫.(2003).『語学で身を立てる』..集英社.

今橋典子.(1997).「学習指導要領の改訂と教科書題材の変遷」.諏訪部真,白畑知彦,望月昭彦 (編著).『英語の授業実践―小学校から大学まで』.(pp.24-32).大修館書店.

今井隆夫.(1997).「英文『読解』に必要な3つの要素 ― 高校・大学(教養レベル)の場合」.『英語の授業実践 ― 小学校から大学まで』.(pp.274-284).大修館書店.

伊村元道.(2003).『日本の英語教育200年』.大修館書店.

ウォレス,M.J.著.万戸克憲訳.(1991).『スタディー・スキルズ ― 英米の大学で学ぶための技術 ― 』..大修館書店.

日本英語教育史学会ウェブサイト.(2007).URL: http://tom.edisc.jp/e-kyoikushi/ (2007年10月10日閲覧)

英語教育ニュースウェブサイト.(2007).URL: http://www.eigokyoikunews.com/(2007年10月10日閲覧)

大谷泰照.(2004).「日本」.大谷康照,他 (編著).『世界の外国語教育政策 ― 日本の外国語教育の再構築にむけて』.(pp.218-227).東信堂.

大野晋,上野健爾.(2001).『学力があぶない』.岩波書店.

岡戸浩子.(2002).「グローカル化」時代の言語教育政策』.くろしお出版.

大佐古紀雄,白川優治.(2003).「大学改革がわかるキーワード50」.『大学改革がわかる。』.pp.162-169.朝日新聞社.

小野博.(2005a).「プレースメントテストから明らかになった日本の大学生の基礎学力構造」.「日本の大学生の基礎学力構造とリメディアル教育 ―IT活用学力支援研究」,NIME研究報告第6号.(pp.1- 6).メディア教育開発センター

小野博.(2005b).「日本リメディアル教育学会:第1回全国大会の開催によせて」.『第1回全国大会講演資料集』.日本リメディアル教育学会.

外国語教育ニーズ分析研究グループ.(2006).『九州大学外国語教育アンケート調査(卒業生対象)報告書』(暫定版).九州大学言語文化研究院.

金森強.(2003).『小学校の英語教育 ― 指導者に求められる理論と実践』.(pp.188-195).教育出版.

参考文献

金子朝子.(2001).「動機づけ」.『応用言語学事典』.研究社.

苅谷剛彦.(2003).『『なぜ教育論争は不毛なのか — 学力論争を超えて』.中央公論新社.

清田洋一.(2005).「英語学習におけるテキスト教材の活用」.『第1回全国大会講演資料集』.(pp.3-11).日本リメディアル教育学会.

九州大学.(2000).『全学教育履修の手引き』.九州大学.

九州大学教育憲章.(2007).
http://www.kyushu-u.ac.jp/university/charter/education-j.php.(2007年12月25日閲覧).

九州大学公式ウェブサイト2003年度版.(2003).URL:http://www.kyushu-.ac.jp.(2003年12月10日閲覧).

九州大学公式ウェブサイト2007年度版.(2007).http://www.kyushu-.ac.jp.(2007年10月10日閲覧).

九州大学国際交流部,留学生課.(2006).
http://www.isc.kyushu-u.ac.jp/intlweb/data/index.htm(2006年5月30日閲覧).

九州大学自己点検・評価委員会.(2001).『九州大学改革サイクル』.九州大学.

九州大学全学教育機構.(2003).『平成15年度全学教育科目担当教官要項』.九州大学.

九州大学総長室(2007).
http://www.kyushu-u.ac.jp/university/president-room/index.php(2007年12月25日閲覧)

九州大学大学院言語文化研究院.(2006).『外国語のすすめ』2006年度版.九州大学大学院言語文化研究院.

九州大学大学院言語文化研究院公報メディア委員会.(2002).『言文フォーラム』第26号.九州大学大学院言語文化研究院.

九州大学大学院言語文化研究院英語共通教科書編集委員会編.(2003).『A Passage to English — 大学生のための英語学習情報』第3版.九州大学出版会.

国際交流基金.(1999).「アジアとの国際交流・福岡市の歩み」.文化事業通信第37号.国際交流相談室.

小林葉子.(1997).「「学校英語教育における目的・目標・ノン・ネィティブ教師モデル論」.諏訪部真,白畑知彦,望月昭彦(編著).『英語の授業実践 — 小学校から大学まで』(pp.77-87).大修館書店.

小湊卓夫.(2006).「FDの組織化と教育経験の共有」.『大学教育』.(pp.7-17).九州大学.

酒井志延.(2005).「"Bridging"教材の開発」「日本の大学生の基礎学力構造とリメディ

アル教育 ― IT 活用学力支援研究」．NIME 研究報告第 6 号．(pp.100-106)．メディア教育開発センター．

塩田芳久．(1989)．『授業活性化の「バス学習」入門』．明治図書．

笹島茂．(2001)．「学術的な目的のための英語 (English for Academic Purposes: EAP)」．『応用言語学事典』．研究社．

志水俊広．(2006)．「英語の新カリキュラムについて」．『Radix 2006.9.26号．(九州大学全学教育公報)』．九州大学高等教育総合開発研究センター．

志水俊広．(2007)．「英語標準化テストに見る九大 1 年生の英語力」．『大学教育』．第 13号．(pp.59-64)．九州大学高等教育総合開発研究センター．

ジョンソン,D.W., ジョンソン,R.T., スミス,K.A., 関田一彦監訳．(2001)．『学生参加型の大学授業：協同学習への実践ガイド』．玉川大学出版部．

白畑知彦, 村野井仁, 冨田祐一, 若林 茂則．(1999)．『英語教育用語辞典』．大修館書店．

新書マッププレス, 国立情報学研究所（編）．(2004)．『新書マップ ― 知の窓口』．日経 BP 社．

水光雅則．(2007)．「学術研究に資する英語教育」京都大学大学院人間・環境学研究科英語部会.http://www.z.k.kyoto-u.ac.jp/pdf/link/link0238.pdf.(2008年 1 月 1 日閲覧)

杉本豊久．(2001)．「動機づけ」．『応用言語学事典』．研究社．

鈴木祐治．(2003)．『英語教育のグランドデザイン ― 慶応義塾大学 SFC の実践と展望』慶応義塾出版会．

総務省報道資料．(2006).http://www.soumu.go.jp/s-news/2006/060720_2.html.(2007年10月10日閲覧)．

大学非常勤講師問題会議．(2000)．『大学危機と非常勤講師運動』．こうち書房．

高桑光徳．(2007)．「教育研究方法論にもとづく TOEFL スコアの検証と日本人の英語力について」．『明治学院大学教養教育センター紀要』第 1 巻第 1 号．(pp.81-99).明治学院大学教養教育センター．

竹下裕子．(2002)．「日本」．本名信行 (編著)．『事典　アジアの最新英語事情』．大修館書店．

竹下裕子, 石川卓編著．(2004)．『世界は英語をどう使っているか』．新曜社．

竹蓋幸生．(1997)．『英語教育の科学 ― コミュニケーション能力の養成をめざして』．アルク．

竹蓋幸生, 水光雅則（編）．(2005)．『これからの大学英語教育 ― CALL を活かした指導システムの構築』．岩波書店．

武久文代．(2004)．「先進諸国から見た日本の外国語教育」大谷康照, 他編著．『世界の

参考文献

　　　　外国語教育政策 ― 日本の外国語教育の再構築にむけて』.(pp.483-491).東信堂.
田地野彰.(2007).「日本における大学英語教育の目的と目標について ― ESP 研究からの示唆 ― 」京都大学 MMNews No.7,京都大学.
　　　　http://www.momiji.h.kyoto-u.ac.jp/MMpage/MM/MM_7_/MM_7_tajino.pdf
　　　　（2008年1月1日閲覧）
田崎清忠編.(1995).『現代英語教授法総覧』.大修館書店.
田中慎也.(1994).『どこへ行く？大学の外国語教育』.三修社.
田中慎也.(2007).『国家戦略としての「大学英語」教育』.三修社.
中公新書ラクレ編集部.(2002).『論争・英語が公用語になる日』.中公新書ラクレ編集部.
津田晶子.(2005a).「大学英語教育プログラム分析」.井上奈良彦（編著）.『国際化時代の大学英語教育』(言語文化叢書 XVI)(pp.1-86)).九州大学大学院言語文化研究院.
津田晶子.(2005b).「大学の必修英語の再履修学生に関する調査と考察」.九州英語教育学会佐賀研究大会配布資料
津田晶子.(2006a).「キャリア開発のための大学英語 ― 大学必修英語における授業例から ― 」『ESP の研究と実践』第5号.(pp34-43).大学英語教育学会九州沖縄支部 ESP 研究会.
津田晶子.(2006b).「大学卒業後の英語ニーズ分析 ― 仕事で英語を使用する卒業生インタビューの結果から ― 」『JACET 九州・沖縄支部研究紀要』第11号.(pp.7-17).大学英語教育学会九州沖縄支部.
津田晶子.(2007a).「大学必修英語における ESP の可能性と課題」『ESP の研究と実践』第6号.(pp.96-105).大学英語教育学会九州沖縄支部 ESP 研究会.
津田晶子.(2007b).「大学必修英語における協同教育の可能性と課題」『協同と教育』第3号.(pp 3 pp.434-41).日本協同教育学会.
津田晶子.(2007c).「大学必修英語の再履修学生に関する調査と考察」.『リメディアル教育研究』第2巻第1号.pp.1-6.
津田晶子.(2007d).「日本の英語教育改革論 ―「新書」を例に ― 」.大学英語教育学会九州沖縄支部東アジア英語教育研究会配布資料.
津村正樹(2006).「FD（ファカルティ・デベロップメント）」について.『大学教育』.第13号.(pp.19-26).九州大学高等教育開発推進センター.
デイビス,B.G.香取 草之助,安岡 高志訳(2002).『授業の道具箱』.東海大学出版会.
テーマで探す新書ガイド.(2007).URL: http://shinshomap.info/（2007年10月10日閲覧）
寺内一.(2000).「ESP を知る」.深山晶子編.『ESP の理論と実践』.(pp.9-32).三修社.

寺内一.(2001).「特定の目的のための英語(English for Specific Purposes: ESP)」.『応用言語学事典』.研究社.

寺内一.(2005).『ビジネス系大学の英語教育イノベーション ―ESPの視点から―』.白桃書房.

徳見道夫他.(2003).「財団法人九州大学後援会助成事業報告書」.九州大学言語文化研究院.

戸田信之,西村和雄.(2001).『大学生の学力を診断する』.岩波書店.

鳥飼玖美子,進藤久美子.(1996).『大学英語教育の改革』.三修社.

中村朋子.(2005).『大学におけるリメディアル教育への提言 ― 英語のつまづきに関して』.大学教育出版.

中村保男.(2003).『英文翻訳の原理・技法』.日外アソシエーツ.

日経産業新聞.(2003).6月24日付.

新田香織.(2000).「よりよいコースを目指して:ニーズ分析とコース評価」.深山晶子編.『ESPの理論と実践』.(pp.39-59).三修社.

日本リメディアル教育学会.http://www.remedial.jp/youshi.html(2007年10月10日閲覧).

野口ジュディ.(2001).深山晶子編著.『ESPの理論と実践』.三修社.

林桂子(2004).大谷康照,他編著.第6章「日本」.大谷康照,他編著.『世界の外国語教育政策 ― 日本の外国語教育の再構築にむけて』.(pp.158-pp.159, pp.168-185).東信堂.

藤田哲也.(2005).「初年次教育の目的と実際」.『第1回全国大会講演資料集』.(pp.3-11).日本リメディアル教育学会.

藤原正彦.(2005).『国家の品格』.新潮社.

船橋洋一.(2000).『あえて英語公用語論』.文藝春秋.

フロマー,,J.G.著,,上地 安貞,矢田 裕士訳.(1995).「職業に必要な語学」.『変革期の大学外国語教育』.(pp.113-146).桐原書店.

ホフステード.G.著,岩井紀子,岩井八郎訳.(1995).『多文化世界:違いを学び共存の道を探る』.有斐閣.[Culture and Organizations: Software of the mind(1991).]

本名信行.(1999).『アジアをつなぐ英語』.アルク.

本名信行.(2002a).「英語はアジアの共通語」.鈴木義里,中公新書ラクレ編集部.(編).『論争・英語が公用語になる日』.中央公論新社.

本名信行.(2002b).「プロローグ:アジアの英語事情」.本名信行(編著).『事典 アジアの最新英語事情』.大修館書店.

本名信行.(2003).『世界の英語を歩く』.集英社.

参考文献

本名信行.(2006).『『英語はアジアを結ぶ』.玉川大学出版部.
松村瑞子,山村ひろみ(2003).「外国語教育ニーズ分析予備調査の結果について」.『Radix No.35（九州大学全学教育公報）』.九州大学高等教育総合開発研究センター.
三浦展.(2005).『下流社会』.光文社.
宮崎裕治.(2004).大谷康照,他編著.第6章「日本」.大谷康照,他編著.『世界の外国語教育政策 — 日本の外国語教育の再構築にむけて』.(pp.185-194).東信堂.
宮原文夫他、大学英語教育学会九州・沖縄支部プロジェクトチーム.(1997).『このままでよいか英語教育 — 中・韓・日3か国の大学生の英語学力と英語学習実態』.松栢社.
宮原宗七.(1998).『いま、なぜビジネスコミュニケーションか』.アルク
深山晶子.(2000).「自立した学習者を育てる：教室内活動と課外活動」.深山晶子編.『ESPの理論と実践』.(pp.39-59).三修社.
森永正治.(2001).「教師発話(teacher talk)」.『応用言語学事典』.研究社.
文部科学省ウェブサイト.(2003).「平成17年度スーパー・イングリッシュ・ランゲージ・ハイスクール(SELHi)の決定について」
　　http://www.mext.go.jp/b_menu/houdou/17/04/05040502.htm, (2008年1月1日閲覧)
山内ひさ子,中野秀子,小田まり子.(2006).「国際化社会に必要とされる資質と英語力 − 海外進出の日本企業と日本進出の海外企業の取材を通して」『ESPの研究と実践』第5号,(pp.44-59).大学英語教育学会九州沖縄支部ESP研究会.
山田耕路.(2002).『大学教育について考える』.海鳥社.
山田耕路.(2003).「農学研究院・言語文化研究院合同FDを実施して」『大学教育』.第9号.(pp.123-128).九州大学教育研究センター.
山本以和子.(2001).「リメディアル教育の現状」
養老孟司.(2003).『バカの壁』.新潮社.
吉岡斉.(2002).「第2章　国際的視点から見た日本の大学」『大学とは何か　九州大学に学ぶ人々へ —』.海鳥社.
リヴァーズ,W.M.(編著).土地安貞,矢田裕士.訳.(編著)(1995).『変革期の大学外国語教育』.桐原書店.
若林茂則.(2004).『英語習得の「常識」「非常識」：第二言語習得研究からの検証』.大修館書店.

表3-1「分析対象新書リストのタイトル」および、附録表2-71「大学英語のカリキュラム開発に関する各大学の出版物(2003年〜2005年)」記載の文献は除く。

付録1

大学の英語の授業および学習歴に関する調査

　この調査は、九州地区の大学生を対象とした英語教育に関する学習調査です。今後のよりよい大学英語教育を模索する貴重な資料として、この調査で得たデータを使用します。分析、研究目的での利用以外には一切、使用しません。また、回答内容によって、回答者に不利益が生じることはありません。各質問に対して、あなた自身に最もあてはまると思われる選択肢を選び、○で囲んでください。

［個人データ］
1. 性別　(1)女性　　　(2)男性
2. 第一言語（母国語）　　　(1)日本語　　　(2)英語
　　　　　　　　　　　　　(3)その他（　　　　　　　）
3. 在籍大学名　（　　　　　　　　　　　　）
4. あなたの属する学部　学科
　　（　　　　　　　）学部　　　（　　　　　　　）学科
5. あなたの在学年
　(1)１年生　　(2)２年生　　(3)３年生　　(4)４年生　　(5)その他
6. (1)高校名（　　　　　　　）高校　普通科　その他（　　　　　　）科
　(2)高卒以外　（大検受検など）
7. あなたは、現在在籍する大学の入試をどういった形態で受験し、入学・編入しましたか？
　(1)一般入試
　(2)推薦入試
　(3) AO 入試
　(4)編入試験
　(5)その他　（　　　　　　　　　　　）

8. 英語検定試験（TOEIC，TOEFL、実用英検、その他）を受験したことがありますか。

　　(1)ある　　　　(2)ない

8.1　(1)であると答えた方にのみ、取得級、スコアについて、お答えください。

　　(1)実用英検（STEP）　（　　　　）級

　　(2) TOEIC　　　　　スコア（　　　　）点

　　(3) TOEFL　ペーパー版　スコア（　　　　）点

　　(4)その他の検定試験　（試験名　　　　　　）（　　　　）級

9.　あなたは、これまでに、学校（中学および・または高校）の授業以外で英会話の教室に通ったことがありますか。

　　(1)ある　　　　(2)ない

9.1　9で「ある」と答えた方にのみ、お聞きします。英会話の学習を始めた時期はいつですか。

　　(1)小学校入学以前　　　(2)小学校1、2年　　　(3)小学校3、4年

　　(4)小学校5、6年　　　(5)中学校　　　(6)高校　　　(7)大学

9.2　9で「ある」と答えた方にのみ、お聞きします。英会話の教室には、これまでで通算して、何年間（何ヶ月間）、通いましたか、あるいは、現在も通っていますか。

　　(1)1ヶ月未満　　　(2)1ヶ月以上1年未満　　　(3)1年以上2年未満

　　(4)2年以上3年未満　　　(5)3年以上4年未満　　　(6)4年以上5年未満

　　(7)5年以上6年未満　　　(8)6年以上　　　(9)不明

9.3　9で「ある」と答えた方にのみ、お聞きします。英会話の教室に通うようになったきっかけは何ですか。最もあてはまるものを1つ選んでください。

　　(1)家族の勧め　　　(2)学校の先生の勧め　　　(3)友人が通っていたから

　　(4)自分の意思で　　　(5)その他

10.　あなたは、これまでに、海外の国、または地域に一定期間滞在したことがありますか。

　　(1)ある　　　　(2)ない

付　録

10.1　あると答えた方にのみ、お聞きします。滞在国・地域を記入し、滞在期間、滞在目的について選択肢から選んでください。

滞在国・地域	滞在期間	滞在目的

滞在期間の選択肢
　(1) 1週間未満　　(2) 1週間以上1ヶ月未満
　(3) 1ヶ月以上3ヶ月未満　　(4) 3ヶ月以上6ヶ月未満
　(5) 6ヶ月以上1年未満　　(6) 1年以上2年未満
　(7) 2年以上3年未満　　(8) 3年以上

滞在目的の選択肢
　(1) 家族旅行　　(2) 修学旅行　　(3) 留学・ホームステイ
　(4) 親の海外赴任に同行　　(5) その他

［調査パートⅡ］
1. 今期、あなたが、未履修クラスを受講することになった原因は何だと思われますか。最もよくあてはまると思われるものを1つ、選んでください。
　(1)出席日数不足　　　(2)定期試験の点数不足（試験の欠席を含む）
　(3)平常点不足（課題未提出、小テストの点数不足など）
　(4)履修登録ミス
　(5)時間割の都合上、前年度まで英語を履修できなかった。
　(6)分からない
　(7)その他（　　　　　　　　　　　　　　　　　　　　　　）

2. 英語の四技能について、自分が得意だと思う順番に1から4まで番号をつけてください。
　（　　）リーディング
　（　　）スピーキング
　（　　）ライティング
　（　　）リスニング

3. 未履修クラスで取り上げて欲しいテーマは何ですか？最もとりあげてほしいテーマを3つ、選んでください。
　(1)英米文学の鑑賞　　　(2)洋画、ニュース、英字新聞の鑑賞
　(3)英文法や言語としての英語の知識　　　(4)英語検定対策
　(5)ビジネス英語　　　(6)日常英会話
　(7)ディスカッション、ディベート、プレゼンテーション
　(8)専攻分野の英語　　　(9)エッセイライティング（自由英作文）
　(10)英語圏の国々の文化、習慣の紹介
　(11)速読、多読などリーディングの練習　　　(12)翻訳・通訳技法

4. 大学の必修科目として、英語の単位を取得することについて、あなたはどのように感じていますか。最もよくあてはまると思われるものを1つ、選んでください。

(1)全く必要ない　　　(2)ないほうが望ましい　　　(3)どちらともいえない
(4)必要と思われる　　(5)絶対に必要である。

5. 英語の未履修クラスのあり方に対する感想、意見、要望があれば、自由に書いてください。

ご協力ありがとうございました。この調査で得られたデータは、大切に使わせていただきます。

付録 2
キャリアデベロップメントのための大学英語
(English for Career Development)
― 大学必修英語における授業実践例から ―

0. はじめに

　本稿では ESP を「具体的な目的のための英語教育」として位置づけ、「EGP 教師でも ESP 的なアプローチができる」「ESP の作業形式への導入教育」として、筆者が、授業として実践している「キャリアデベロップメントのための大学英語（English for Career Development、以下 ECD と称する）」を紹介する。これは、筆者が過去に指導してきた大学生・専門学校生から筆者へのフィードバックに基づきニーズを分析し、シラバス・教材をデザインしたものである。筆者が目指す ECD とは、ESP のカテゴリー定義のうち EVP (English for Vocational Purposes: 職業上の・職業教育の目的のための英語) の下位区分の Pre-Vocational English（就職準備の英語）と位置づけられるものとする。なお、ECD とは学生の「就職内定」という道具的動機づけだけに焦点を当てたノウハウ伝授・一方向型の「就職対策英語 (English for Job-hunting)」とは異なり、長期的な視点にたったキャリアデザインをテーマにした学習者中心型の英語教育を目指すものである。

1. ECD 授業実践例

・コースの目的：TOEIC の問題演習を通じてビジネス英語の基礎知識を身につけつつ、英語の四技能の学習方略を考える。英語学習を通してキャリアを考えるきっかけづくりをする。

・使用言語：インストラクションには筆者の第一言語である日本語を使用するバイリンガル授業

　ECD の場合、日本人教員は一人の英語学習者として英語を使用する仕事に就いたロールモデルとしての役割を果たすことができる。

付　録

　特に大学生に対してビジネス英語の背景知識を紹介するには、日本語での補助説明が有用である。ごく一部の社会人学生（筆者の担当クラスには社会人学生は在籍していなかった）や企業インターンシップ経験者をのぞき、大学生にとっては、「ビジネス文化」そのものが「異文化」であり、企業の部署名、役職名、企業文化は日本語であっても未知のものも多い。そのため、英日を対照しつつ、適宜、説明を加えるのが有益と考えられる。また、日本で就職活動をしている外国人留学生にとっても、日本の企業文化を日英で学ぶ絶好の機会を提供することになる。以下の ECD のシラバス例では、コースの最後 8 回目に、国際ビジネスマナークイズとして、異文化トレーニングを取り入れている。なお、ECD は外国人教員が英語を使用するダイレクトメソッドで実施することも可能である。その場合は、教員の出身国・地域と日本のあいだでの企業文化や就職観の相違について学生に考えさせたり、教員の経験を紹介したりする活動が考えられる。教師は、コーディネーターとしての役割を果たすものとし、価値観の押し付けをしないよう心がける。

ECD のシラバス例

	アクティビティーの種類	スキル・目的	活動スタイル
1	英語標準テスト（TOEIC, TOEFL, 実用英検）の紹介	オリエンテーション	講義形式
2	英語学習方法の紹介	スピーキング（シャドーイング、レシテーション）	個人でのタスク・ペアワーク
3	英字新聞の求人欄の読み方	リーディング（スキャニング）ボキャブラリービルディング（クィックレスポンス）	個人でのタスク
4	英語の履歴書の書き方	ライティング（ビジネスレター）異文化トレーニング	個人でのタスク・ペアワーク
5	英語カバーレターの書き方	ライティング（ビジネスレターのフォーマット）	個人でのタスク・ペアワーク
6	英語就職面接シミュレーション	スピーキング、リスニング	ペアワーク
7	自己 PR 英語スピーチ	スピーキング、リスニング（スピーチ）	個人でのタスク・ペアワーク
8	国際ビジネスマナークイズ	リーディング 異文化トレーニング	ペアワーク

・毎回の授業の流れ（90分）
ビジネス関係ボキャブラリークイズ（15分）→ TOEIC 対策（問題練習と解説：45分）→ ECD アクティビティー（30分）

2. ECD の特徴と今後の課題
　以下、ECD アクティビティーを導入して観察できた特徴と今後の検討すべき課題について列挙する。
ECD の特徴
・学生の英語力や英語学習経験のレベルが多岐に渡る多人数クラスでも実施が可能。
・キャリアデベロップメントの一環としての英語学習を考えさせることにより、学生の語学学習に対する動機づけの維持。学習者の自律学習につなげることができ、学習者は生涯学習として語学学習を捉えるようになる。
・学生と教員、学生同士のインターアクションの場の提供。文法訳読法からコミュカニティブアプローチの橋渡しとしての役割を果たすことができる。
・日本人教員、外国人教員どちらでも担当可能。また、日本人と外国人教員のチーム・ティーチングの可能性もある。
・「国際派の就職」「仕事で使える英語」について教員と学生が考えるきっかけになる。

今後の課題
・専門教員、キャリアセンター・就職課と連携し、ECD のコースが、学生のキャリアデベロップメントにどのように影響を及ぼしたか事後調査をし、今後のプログラム開発に活かす。
・日本の大学の英語の授業に在籍する留学生が増加していること、また、英語以外の外国語のスキルも大学生のキャリア形成には有利に働くことから、日本語教員や第二外国語教員の協力も必要である。大学生のキャリア教育の中で、外国語学習と異文化トレーニングの重要性について学び、情報を交換し、また、協同で教材を開発する。

・異文化トレーニングの一環として留学生や海外で働く卒業生など、ゲストスピーカーを招待し、国際社会での語学ニーズを学生に気付かせる場を提供する。留学生や社会人に貢献してもらうことができる授業への支援として、外国語学習者としてのロールモデルとしての参加やカリキュラムや教材作成のための情報や意見の提供の依頼などが考えられる。

津田晶子（つだ・あきこ）
中村学園大学短期大学部講師。九州大学文学部卒業。Temple University MEd in TESOL 修了（教育学修士）。九州大学大学院比較社会文化学府国際社会文化専攻博士課程前期修了。同博士課程後期満期退学。博士（比較社会文化学）。専門分野は英語教育学。関心分野はEAP・ESP、カリキュラム・教材開発。

国際化拠点大学における
英語教育のニーズ分析とカリキュラム開発

■
2011年11月18日　第1刷発行
2012年3月1日　第2刷発行
■

著者　津田　晶子
発行者　西　俊明
発行所　有限会社海鳥社
〒810-0072　福岡市中央区長浜3丁目1番16号
電話092(771)0132　FAX092(771)2546
印刷・製本　大村印刷株式会社
ISBN978-4-87415-831-9
http://www.kaichosha-f.co.jp
［定価は表紙カバーに表示］